U0112042

# 序　文

　　近年來運動會或體育慶典已不分年齡、季節及場所，漸漸成為人們活動肢體、享受運動樂趣而聚集的場所了。

　　本書是令人體驗愉快運動會的項目集錦，在編輯上顧及學校（包含幼稚園）、地區（社會）、廠商舉行運動會時，以安排何種項目組成運動會為要等問題精心推敲而成。

　　為了讓參與運動會者能真正體驗「愉快的運動會」而挑選深具魅力的項目並添加創意以便整體節目的設計。

　　運動會是在學校、地區、廠商等不同單位的企劃下營運，根據其目的，運動會的性格可分為競技性、休閒娛樂性、表演性、綜合性等不同的類型。而根據舉辦的場所又可分為運動場型、體育館型、海灘型、雪上型等。

　　本書所介紹的項目中屬競技型的有賽跑型占67項、競賽型12項、格鬥型6項、雪上型4項、水上型7項。表演性項目中特技有3項、其它還有舞蹈、啦啦隊表演等。

　　運動會項目的編排設計應明確地傳達各個節目的目的，並配合表演的內容讓參與或觀賞者都能產生共

鳴，在參考本書的同時，又添加獨特的創意使整個運
動會的項目更為生動有趣，筆者認為這是節目設計上
最應重視的問題。

我們希望每個人從企劃到準備，甚至運動會的營
運都能參與其中，並在安全、愉快且令人感動滿懷之
中結束整個運動會的活動。本書若能提供一臂之力乃
是我們的榮幸。

# 目　錄

## ＜賽跑型＞

## 目 錄

## ＜競賽型＞

## ＜格鬥型＞

## ＜雪　上＞

## ＜水　中＞

## ＜大型遊戲＞

# ＜舞　蹈＞

# NO.1 穿衣競賽

〈**年齡層**〉國小中、低年級

〈**項目的進行法**〉

男女配為一組賽跑，男孩為女孩穿著衣服（反之亦可）。穿著完畢二人一起跑向終點。

可以準備漫畫主角、母親、父親等各種不同的衣服。

〈**項目的趣味點**〉

替他人穿衣服比想像地難，看在觀眾眼裡倍覺有趣。

儘量準備具有特徵的角色或讓小孩穿著不搭調的服飾，必會引來哄堂大笑。

〈**用具**〉

各種穿著相關的服飾品

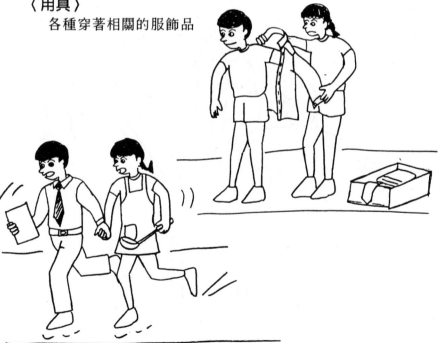

# NO.2 白鷺學校的學生們

〈年齡層〉國小高、中年級
〈項目的進行法〉

　　在洗臉盆內將臉沾濕,用口取出放在麵粉裡的糖果(不可用手)再跑回終點。

〈項目的趣味點〉

競賽者彷彿臉上擦著白粉跑回終點，令觀眾們忍俊不住哄堂大笑。

〈安全上的注意點〉

許多人用口在同一個麵粉盒內取糖果，因而必須充分地注意衛生。

〈用具〉

洗臉盆、麵粉、糖果、桌子

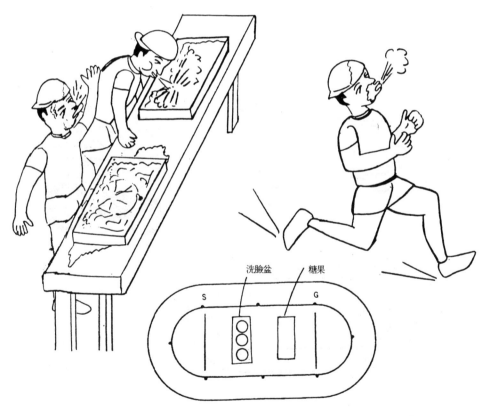

洗臉盆　　糖果

S　　　　　　G

# NO.3 鐵人賽跑

〈年齡層〉國小高、中年級
〈項目的進行法〉
　　游泳（用滑板划水）
　　腳踏車（踩三輪車）
　　馬拉松（單腳跳）
　　游泳→腳踏車→馬拉松的順序到達終點。

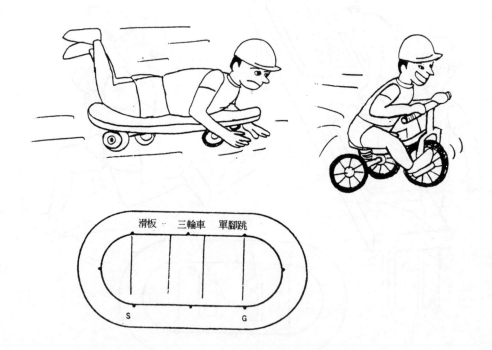

〈項目的趣味點〉

　　有趣點乃在於整體的運動像是鐵人賽跑。

　　在滑板上搖晃不定的姿勢令競技者及觀眾都心驚膽跳
。

〈安全上的注意點〉

　　根據需要而戴手套、注意不要使競技者受傷。

〈用具〉

　　滑板　三輪車

# NO.4 前往水上樂園

〈**年齡層**〉國小中、低年級

〈**項目的進行法**〉

海豚 ①跳過、穿過、跳過三條綁有彩帶的橡皮繩。

②轉呼拉圈。

③在舖墊上翻一跟斗。

海瀨 呈四肢著地而仰躺的姿勢，在腹部上放紅、白球，一步步前進避免球落地。

企鵝 雙腳跳

依序通過障礙而到達終點。

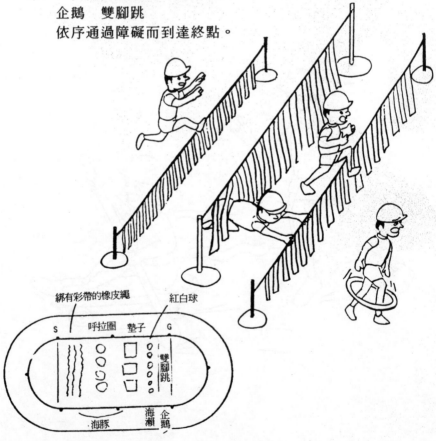

〈項目的趣味點〉

　　將競技者譬喻為海豚、海獺、企鵝乃是項目名稱的由來。

　　海豚動作的靈活、海獺及企鵝姿勢的滑稽，會引來觀眾們的歡笑。

〈安全上的注意點〉

　　在墊上翻跟斗之前，必須先放慢速度。

〈用具〉

　　橡皮繩　紅白球　呼拉圈　墊子

# NO.5 空中飛地毯

〈年齡層〉國小高年級、國中、高中、社會人士

〈項目的進行法〉

　　讓年紀小和年紀大的兒童組合爲一組，其中一名較小的兒童躺臥在墊上，由其他六名伙伴抬著跑向終點。

〈項目的趣味點〉

　　六人合力安全而迅速地將伙伴送到終點。

〈安全上的注意點〉

　　必須確實地握好墊子。

〈用具〉墊子

# NO.6 掃地 讓我來吧

〈**年齡層**〉國小中、低年級

〈**項目的進行法**〉

　　用掃把一邊掃地上的球，一邊奔跑。

　　為了避免球四處亂滾，可將球放進紙盒內。

〈**項目的趣味點**〉

　　用掃把一邊掃著不知轉向何處的球，一邊奔跑，會出現最後勝負的意外性。

　　如果途中球路彎曲或旋轉，造成方向改變的場面更為有趣。

〈**用具**〉

　　掃把　球　紙箱

# NO.7 舊時童玩！踩鐵罐

〈年齡層〉國小中、低年級
〈項目的進行法〉
　　鐵罐鑿洞穿上繩子，踩鐵罐競走。
〈項目的趣味點〉
　　踩鐵罐的姿勢滑稽可笑。
　　競走時發出馬蹄聲，增添趣味性。
〈用具〉
　　空鐵罐

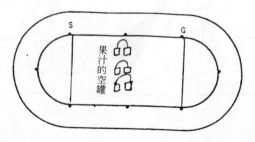

果汁的空罐

# NO.8 準備開始 趕快

〈年齡層〉國小低年級

〈項目的進行法〉

　穿上圍裙，紙盒上裝個球賽跑。

〈項目的趣味點〉

　穿圍裙的模樣顯得可愛。爲避免球落地而戰戰兢兢地賽跑。

〈用具〉

　紙盒　球　圍裙

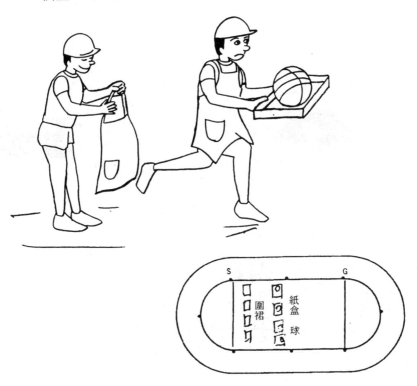

# NO.9 祈求豐收！校田賽跑

**〈年齡層〉**國小高、中年級
**〈項目的進行法〉**

　　穿長筒靴、手提水桶、袋子揀拾散落在地的紅白球，將球置於用橡皮繩圍成的田內（種植），再回到終點。

　　下一組人揀拾田地內的紅白球（收割），回到終點。

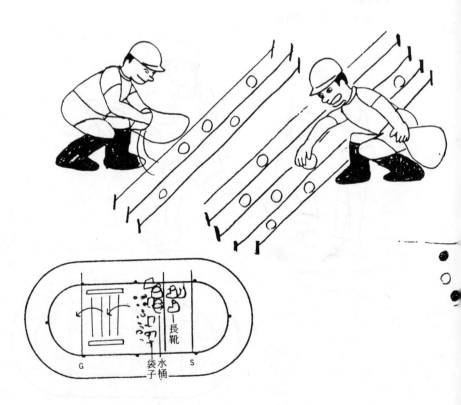

〈項目的趣味點〉

　　妙點在於譬喻爲稻作。

　　穿著長靴奔跑可能會在途中脫落而引來哄笑。

〈用具〉

　　長靴（特大號）　袋子　橡皮繩　紅白球　水桶

　　P20

# NO.10　桃太郎　打魔鬼

〈**年齡層**〉國小中年級

〈**項目的進行法**〉

　　拿著大布巾開始跑，用畫有桃子的手巾綁在頭上，奔跑到球的位置。

　　用大布巾包住兩個球，背負著跑回終點。

〈**項目的趣味點**〉

　　喬裝成桃太郎肩上扛著彷彿是糯米飯糰的模樣，會引來觀衆的笑聲。

　　大布巾包著兩個球在奔跑的過程，顯得戰戰兢兢令競技者不知所措。

## 〈用具〉

大布巾、毛巾（畫著桃子）　球（籃球、足球、躲避球等各種大小的球）

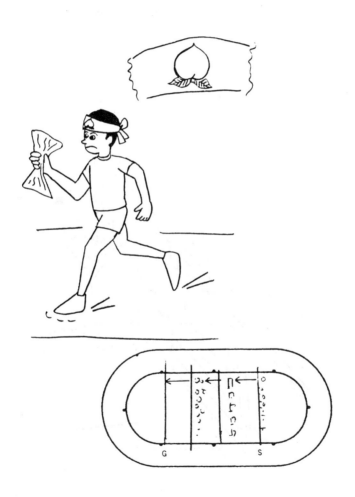

# NO.11　小矮人鑽隧洞

〈**年齡層**〉幼稚園、國小低年級

〈**項目的進行法**〉

　　起跑後戴著三角帽，穿過樓梯到達終點。

〈項目的趣味點〉

　　頭戴著三角帽而難以穿越樓梯的方格，誘發競技者的興趣。

　　這是以幼稚園、小學低年級學生爲對象，遊戲中顯得可愛惹人憐。

　　事前用壁報紙做些別具風格的帽子，更能提高參與者的興趣。

〈用具〉

　　帽子（手做）　樓梯

# NO.12　配對賽跑（A）

## 〈項目的進行法〉

男女配對之後各自起跑。

穿著服裝（男孩：長褲、襯衫。女孩：裙子、上衣）二人同時進入位於中央的呼拉圈內，再一起跑回終點。

〈項目的趣味點〉

是否能儘速地穿好服裝（事先準備好成對的服裝更爲有趣）。

〈用具〉

長褲　襯衫　裙子　上衣　呼拉圈

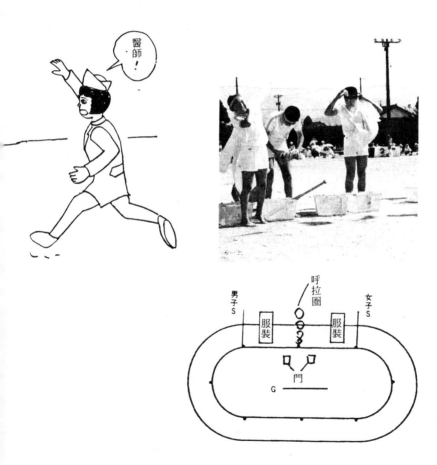

# NO.13 配對賽跑（B）

〈**年齡層**〉國小高、中年級
〈**項目的進行法**〉

　　六人一組共兩組十二人，一起開始遊戲。

　　組合Ａ和Ｂ卡（掃把和畚斗、呼拉圈和跳繩、抹布和水桶）二人取所應拿的物品後穿過門再到達終點。

〈項目的趣味點〉

　　如何儘速找到寫在卡片上成對的物品。

〈用具〉

　　卡片（寫著「掃把」「畚斗」「呼拉圈」「跳繩」「抹布」「水桶」的卡片各兩張）

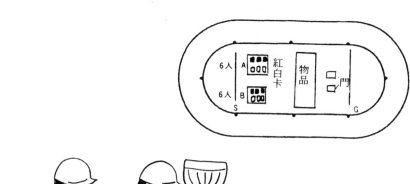

# NO.14　魔鬼的褲子

〈**年齡層**〉幼稚園、國小低年級

〈**項目的進行法**〉

　　遊戲開始後二人一起穿上巨大的褲子，再跑回終點。

〈**項目的趣味點**〉

　　二人同心協力地奔跑的確困難，在巨大的褲子內勉強奔跑的模樣令人捧腹大笑。

〈**安全上的注意點**〉

　　如果不顧對方而逕自奔跑，恐怕會造成嚴重的傷害，因而事前必須顧慮配組的方式及事前的叮嚀。

〈**用具**〉

　　巨大的褲子（用白布製作）

# NO.15
# 串連賽跑

〈**年齡層**〉高中、國中、國小高、中年級

〈**項目的進行法**〉

　　四人一組如圖所示，背靠著木棒一起跑向終點。

〈**項目的趣味點**〉

　　背靠背地奔跑並無法使腳步一致，因此難以成行，動作顯得滑稽而令觀眾大笑。

〈**用具**〉

　　木棒

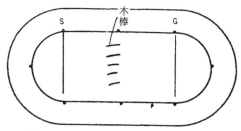

# NO.16　趕快跑！8字形隊伍

〈年齡層〉國小中、低年級

〈項目的進行法〉

　　二人一組起跑

　　①進入呼拉圈內再依所訂的順序繞轉 8 字形。

　　②將呼拉圈放回原位。跑回終點。

〈項目的趣味點〉

　　二人同時進入呼拉圈內呈 8 字形奔跑，是相當難的動作。要領是同心協力。

　　此外，若再添加其他障礙更為有趣。

〈安全上的注意點〉

　　應留意腳被絆倒的危險。

〈用具〉

　　呼拉圈　彩色標識桿

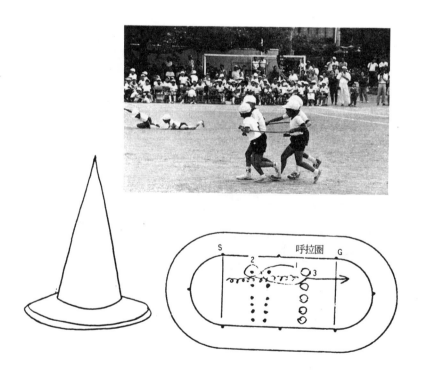

# NO.17　賽跑

〈年齡層〉幼稚園、國小、國中、高中、社會人士

〈項目的進行法〉

　　根據年齡來考慮賽跑的距離。（幼３０公尺左右、國小５０公尺左右、國中～社會人士１００公尺左右）

　　根據年齡與指導的實態可各自規定起跑的方式。（立姿起跑、蹲立起跑）

　　為了增加勝負的不確定性可做配隊組合，或其他的創意。

〈項目的趣味點〉

　　這是運動會的主要項目之一，也是競技者本身最感興趣的項目。

　　速度感和奮力及跑的模樣令人感動。

〈安全上的注意點〉

　　事先清除跑道上的危險物品。

# NO.18　蜈蚣競走

〈年齡層〉國中、高中

〈項目的進行法〉

　　五人一組做成蜈蚣狀。

　　將賽場分成四等份，做接力賽（使用接力棒）。

　　位於最後者手拿木棒往前傳遞。

　　在各個角落放置障礙物。

　　最後者通過障礙物後跑向終點。

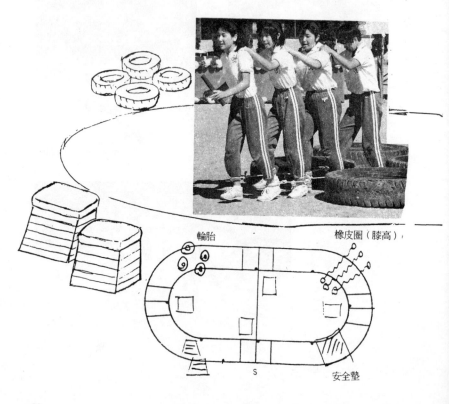

輪胎　　　　　　　　　　橡皮圈（膝高）

S

安全墊

〈項目的趣味點〉

慌張則翻倒、焦急則落敗。不到最後不知勝負乃是個中的妙味。

五人同心協力做快速奔跑的練習，更爲有趣。

〈安全上的注意點〉

穿襪子或布鞋以避免脚腕受創。

〈用具〉

做成蜈蚣的繩子（組份）　木棒　輪胎　橡皮圈　安全墊　跳箱等

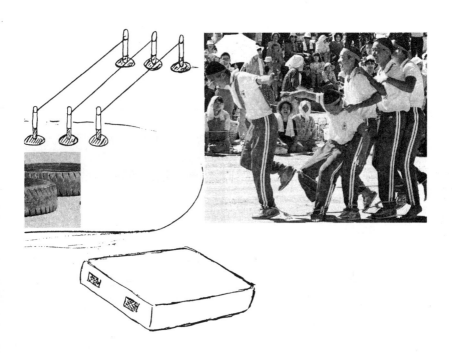

# NO.19　障礙賽跑

〈**年齡層**〉國小高年級、國中、高中
〈**項目的進行法**〉

　穿過位於場地內的障礙物，到達終點。

　也可以改變各種障礙物，以增添趣味性。

〈項目的趣味點〉

　　如何通過各個障礙乃是勝負的關鍵。

〈用具〉

　　跳箱　跳籃　平衡台　細網

# NO.20　二人三脚接力賽

〈**年齡層**〉國小中、高年級、國中

〈**項目的進行法**〉

　　利用二人三脚接力賽決定勝負（使用木棒）。

　　將跑道分成四個接力區（根據跑道的大小可自由分區）。

〈**項目的趣味點**〉

　　如果不同心協力地奔跑會跌倒，不到最後不知勝負，乃是其中的趣味點。

〈**用具**〉

　　木棒　布巾

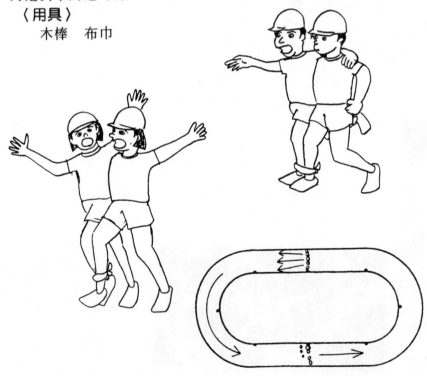

# NO.21　甩出後決勝負

〈**年齡層**〉國小低、中年級

〈**項目的進行法**〉

　　背向起跑點，從頭上往後丟擲巨大的骰子。

　　根據所甩的骰子數繞轉旗子而回。（旗子以 4 根為適當）

〈**項目的趣味點**〉

　　根據骰子的數目決定奔跑的距離。

〈**用具**〉

　　骰子　小旗　布巾（最後接力賽者用）

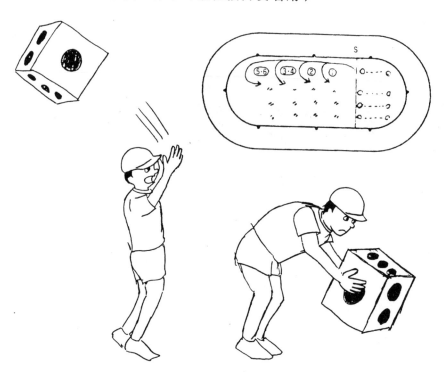

# NO.22　搬達摩

〈年齡層〉國小低、中年級
〈項目的進行法〉

　　四人一組，將用紙盒做成的達摩放在台上搬運賽跑。

　　從彩色的標識桿繞回後由下一組接力賽跑。

〈項目的趣味點〉

　　避免架空的達摩落地並快速地搬運。

　　幼小可愛的兒童們拼命地搬運巨大的達摩。

〈安全上的注意點〉

　　清除地面上的障礙物避免絆倒。

〈用具〉

　　籐邊紙糊的達摩台

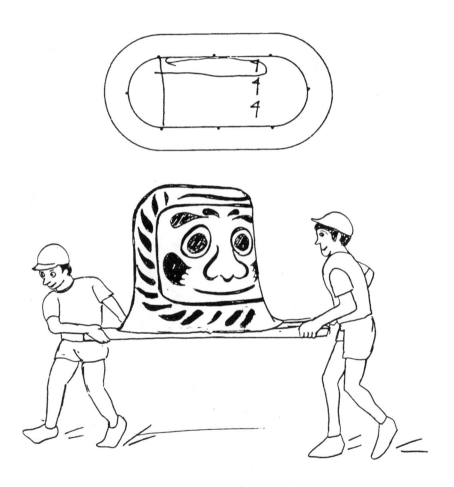

# NO.23　滾動酒桶

〈年齡層〉國中、高中、社會人士

〈項目的進行法〉

　用 2 根木棒滾動酒桶，做接力賽。

　把跑道分成四個接力區。（依跑道的大小可自由分區）酒桶跑進跑道內場時，必須回復到越線的地點再開始。

〈項目的趣味點〉

如何用 2 根木棒把方向不定的酒桶依著跑道滾向前進。

〈用具〉

酒桶　木棒（隊份）　布巾

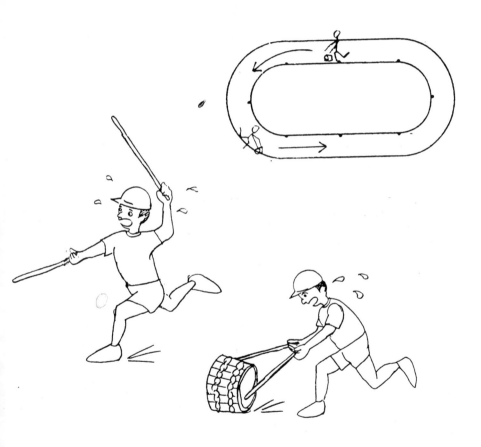

# NO.24　血壓測定

〈年齡層〉國小中、高年級、國中、高中、社會人士
〈項目的進行法〉

　　各組從起點跑到椅子的位置，將氣球吹大之後用自己
的臀部將氣球爆破再返回起點，由下一個隊員接力。

〈項目的趣味點〉

　　奮力用臀部擠破氣球。

### 〈安全上的注意點〉

　　擠破氣球時可能因用力過度而整個身體連著椅子往後翻滾。

### 〈用具〉

　　氣球　椅子

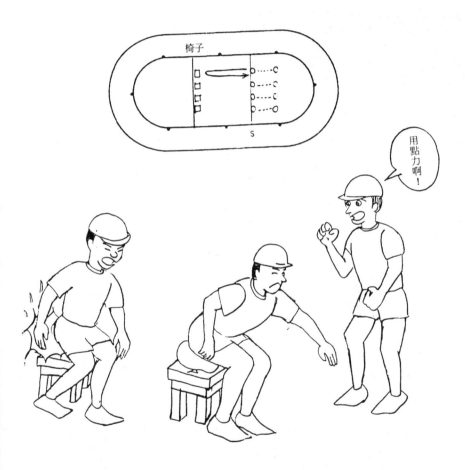

# NO.25　稻草人接力賽

〈**年齡層**〉國小高年級、國中、高中、社會人士
〈**項目的進行法**〉

　　六人一組。

　　起跑後一人一次讓稻草人穿上某件衣物（稻草帽、短外套、麻布手套、長筒靴）把稻草人裝扮成功。

　　被裝扮成稻草人者不可自己步行。帶動其前進者，要儘可能地將稻草人的腳拉大步伐前進，但如果將稻草人推倒必須回復到原位重來。

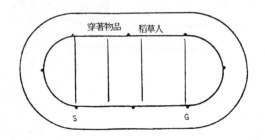

〈項目的趣味點〉

　　搖身一變爲稻草人。

　　以直立不動的姿勢被迫前行。

〈用具〉

　　稻草帽　短外套　麻布手套　長筒靴

# NO.26 擲瓶遊戲

〈年齡層〉國小高年級、國中、高中、社會人士

〈項目的進行法〉

　　二人一組，帶著球手拉著手往前跑，二人分開兩處以瓶子為中心點。（二人的距離是八公尺、瓶子放在正中央）

　　任由其中一人先行丟球撞瓶，彼此交互丟球直到二人都撞到瓶子後再手拉著手返回原點，由另一組接力。

　　如一人擲球五回也無法撞倒瓶子時，也可回到原點。

　　另一個方式是立起兩個瓶子，讓球穿過其間。這時可用「窄門」之類的名稱。

〈項目的趣味點〉

　　快速奔跑後，再以瓶子為目標做擊瓶的動作。動與靜的組合會增添趣味感。

〈安全上的注意點〉

　　使用不易破的瓶子。

〈用具〉

　　瓶子　球

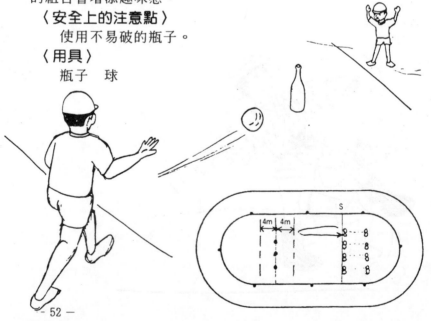

# NO.27　傳球接力

〈年齡層〉國小高年級、國中、高中、社會人士

〈項目的進行法〉

　　二人一組。

　　奇數組是背對背。偶數組是頭對頭夾住球做接力賽。

〈項目的趣味點〉

　　用手以外的部位運球而跑，會出現意外的動作。

〈用具〉

　　躲避球

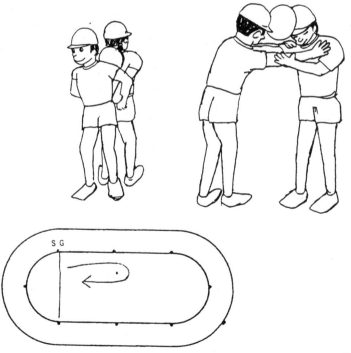

# NO.28　帶擴聲筒踢球

〈年齡層〉國小中、高年級、國中、高中、社會人士
〈項目的進行法〉

　　用擴聲筒掩蓋住臉部，在開始的訊號下從擴聲筒的小孔窺視地上的球，做踢球前進的動作。

　　繞過旗子後由下一個人接力。

　　如果選擇不易彈動的球，可加速競技的進行。

〈項目的趣味點〉

　　利用狹窄的視野同時做踢球及繞轉旗子的動作並無法順利的前進、回轉。

〈安全上的注意點〉

　　間隔距離避免競技者碰撞一起。

〈用具〉

　　擴聲筒（可用硬紙板自製）　足球

# NO.29　擴聲筒接力

〈**年齡層**〉國小中、高年級、國中、高中、社會人士

〈**項目的進行法**〉

　　二人一組進行遊戲。

　　其中一人套上擴聲筒朝上追逐氣球。

　　另一人拿著綁上線的氣球，讓氣球飄浮在擴聲筒開口的視野內。

　　最早返回終點者獲勝。

〈**項目的趣味點**〉

　　臉上罩著擴聲筒，追逐氣球的模樣顯得滑稽。

　　也可以把擴聲筒或氣球當做接棒傳遞。

〈**安全上的注意點**〉

　　避免讓罩上擴聲筒的人絆倒。

〈**用具**〉

　　擴聲筒　氣球

# NO.30　四處滾動

〈年齡層〉國小中、高年級

〈項目的進行法〉

二人一組。

將固定數目的球（躲避球、籃球、足球、網球）裝進麻袋內，繞過轉折點後回到終點。

接著在畫圓的地上取出所有的球，把麻袋交給下一個接力的人。

必須將球確實放在圓內才可接力給下一位。

〈項目的趣味點〉

　　任何人都渴望儘速掏出球，但過於焦急反而會使球滾落四處。如何巧妙地把球擺在圓地上乃是趣味的焦點。

〈用具〉

　　網球　籃球　足球　躱避球　麻袋　繩子

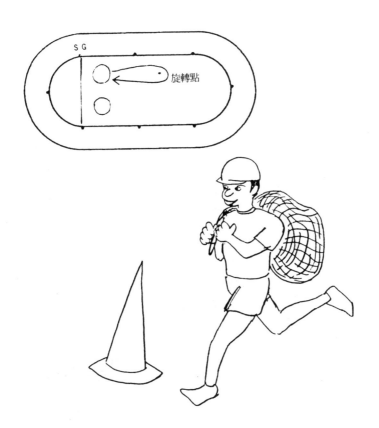

# NO.31　螞蟻搬家

〈**年齡層**〉國小、國中、高中、社會人士

〈**項目的進行法**〉

　　在開始的訊號下帶頭的二人，拿著綁住裝盛球的竹籃的繩子往前跑。

　　繞過中央的旋轉點，把用具置於另一側自己隊伍的放置點。然後，另一側的下一組趕緊拿著繩子起跑。

　　途中籃上的球落地，須再把竹籃拉到球落的位置裝球而回。

## 〈項目的趣味點〉

加快速度容易使籃內的球跑出。如何恰到好處並儘速地拉竹籃，乃是趣味所在。

## 〈用具〉

竹籃（穿上繩子） 躲避球 旗子

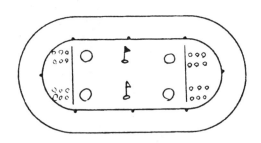

# NO.32　辛苦了！紅帽與白帽先生

〈年齡層〉國小高年級、國中、高中、社會人士

〈項目的進行法〉

在開始的訊號下，二人一起推動載有大球的單輪車。

繞過旋轉點的旗子而回，由下一組人交替。

每個人各握住單輪車的一個把手。

〈項目的趣味點〉

二人各自握住單輪車的一個把手顯得不安定，必須同心協力保持推車的平衡感。

〈安全上的注意點〉

　　用力推車會使單輪車傾倒而發生危險。事先做好練習
。

〈用具〉

　　單輪車　彩色旗幟　紅白大球

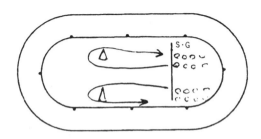

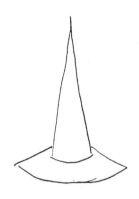

# NO.33　履帶車

〈年齡層〉國小高年級、國中、高中
〈項目的進行法〉

　　用硬紙板做成履帶車狀，四人一組進入履帶車內。運轉這個紙做的履帶車前進，返回原點由下一組接力。

　〈項目的趣味點〉

　　四人如何同心協力往前進。

　　人力藉由履帶車間接地傳達到地面而前進，會體驗異於一般的感覺。

　〈安全上的注意點〉

　　確認前進的方向。

　　四人必須同心協力。

　〈用具〉

　　履帶車（隊數×２）　大型的硬紙箱

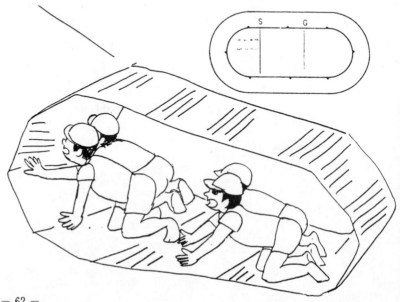

# NO.34　音感接力

〈**年齡層**〉國小高年級、國中、高中、社會人士

〈**項目的進行法**〉

　　二人一組其中一人是手拿敲擊樂器的嚮導。另一人罩著紙袋當成被帶領的人。

　　被帶領者根據嚮導發出的聲音繞轉旗子後，由下一位接力。

〈**項目的趣味點**〉

　　只能憑藉聲音做為前進的方向。

　　二人同心協力來決定前進的速度。

〈**安全上的注意點**〉

　　事先清除地面上的障礙物避免跌倒。

〈**用具**〉

　　可以罩住頭部的紙袋　敲響物或樂器　做為反折點的旗子

# NO.35　暴風掃描遊戲

〈**年齡層**〉國小中、高年級、國中、高中、社會人士

〈**項目的進行法**〉

　　由五名握住三公尺左右長的木棒起跑。

　　呈 8 字形繞轉位於前方的兩個旗子。

　　握住木棒者若有人鬆手，必須再回到第一個位置從頭再來。

〈**項目的趣味點**〉

　　繞轉旗子時站在木棒外側者，由於強烈遠心力的作用

必須跑較長的距離，因而使得握住的手不自主地鬆開。這時必須適切地調整速度，祈使迅速而不離手地繞轉。

〈安全上的注意點〉

必須控制速度，避免在繞轉時被甩開來。

〈用具〉

約3公尺的木棒　旗子

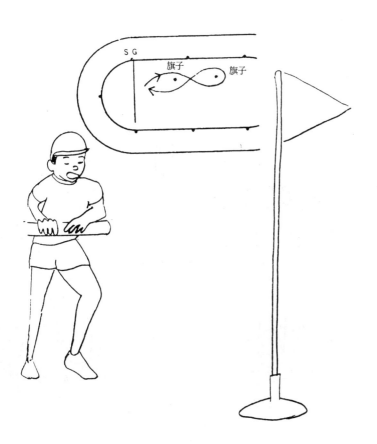

# NO.36　蘿蔔接力

〈年齡層〉國小高年級、國中、高中、社會人士
〈項目的進行法〉

　　手拿蘿蔔二人三腳起步。接獲蘿蔔後改由三人四腳前
進，以下以此類推達到終點。

〈項目的趣味點〉

　　由二人三腳慢慢增加爲五人六腳。

〈用具〉

　　手巾（四條）　　蘿蔔（隊數）

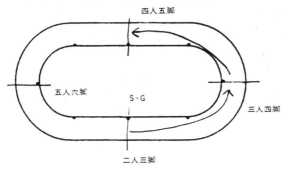

# NO.37　全體接力

〈年齡層〉國中
〈項目的進行法〉

　　將跑道分成四個接力區。

　　男女交互做全體接力賽。（根據男女的比率）

假定是 300 公尺的跑道

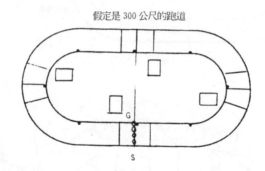

〈項目的趣味點〉

　　預想而到是一場爭先恐後的接力賽，令人目不暇給。各組若擬定賽跑的順序等戰略更為有趣。

〈用具〉

　　木棒（隊份）

# NO.38 各組對抗接力

〈年齡層〉國中、高中
〈項目的進行法〉

　　將跑道分成四個接力區。

　　各個隊伍組成小組，穿著各種不同的制服進行接力。

　　也可以將各隊的用具當做接力棒使用。

〈項目的趣味點〉

可以做計時接力賽，或依不同旨趣競技的接力賽。

各隊獨特的表演顯得生動有趣。

〈用具〉

木棒　各組的制服

# NO.39　轉啊！銀輪

〈年齡層〉國小高年級、國中

〈項目的進行法〉

　　將跑道分成四個接力區。

　　以中腰的姿勢用雙手推腳踏車的車輪（取掉輪胎者）做接力賽。

　　在傳接到下一位之前，不可拿起車輪而跑。

〈項目的趣味點〉

　　各自戴上安全帽來進行，更有臨場的氣氛倍覺有趣。

〈安全上的注意點〉

　　注意雙手不要被車輪所夾。

〈用具〉

　　車輪（塗上各組的顏色）　安全帽

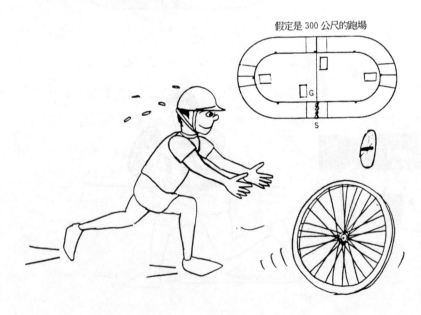

假定是 300 公尺的跑場

# NO.40　全校接力

〈**年齡層**〉國小低、中、高年級、國中、高中

〈**項目的進行法**〉

由各學年的代表選手（二～四名）進行接力賽。

賽跑的距離以小學（70～ 100 公尺）、中學（ 100 ～ 150 公尺）、高中（ 150 ～ 200 公尺）的程度為適當。

男女分開進行。

〈**項目的趣味點**〉

速度感、具有魄力、加油陣營也參與其中。

〈**用具**〉

木棒（隊份）

# NO.41 瑞典．接力

〈年齡層〉國中、高中

〈項目的進行法〉

　　50公尺、100公尺、200公尺、400公尺漸漸地加長賽跑的距離做接力賽。

　　由代表選手在各距離中接力二回，共八人組成一組做1500公尺的接力賽。

〈項目的趣味點〉

　　預期會展開一場驚險刺激的接力賽，連啦啦隊也卯足勁參與其中。

〈用具〉

　　木棒

# NO.42　乘風滑車

〈**年齡層**〉國小低、中年級

〈**項目的進行法**〉

在滑板上頭架上帆布，用扇子搧著前進。

啓動後由最早到達終點的一組獲勝。

配合全體的人數，決定搧扇子組的人數。

〈**項目的趣味點**〉

光看參與者拼命地搧扇子的動作就令人忍不住發笑。

根據搧風的方向可能會使滑板傾倒，或朝不同的方向前進，這是表現團隊精神的時候。

〈**安全上的注意點**〉

不可用扇子敲頭。

注意在專注地搧風前進時，不要碰觸到他人。

〈**用具**〉

架上帆布的滑板（必要的數目）

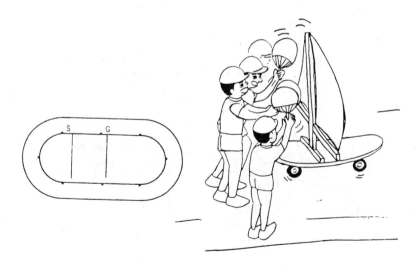

# NO.43　傳送大球

〈年齡層〉幼稚園、國小、國中、高中、社會人士

〈項目的進行法〉

迅速地讓大球從行列的頭頂上通過。

當大球傳到行列的最後位置時，位於最後的人要把大球傳到行列的第一個位置。

反覆數次做以上的動作。

若要明確地決定勝負，可規定必須將大球置於既定的台上，或以各種方式決定勝負。

〈項目的趣味點〉

集體同心協力讓大球通過頭頂。

〈用具〉
　大球　硬紙板球台　布條

# NO.44　大蛇翻身

〈年齡層〉國小高年級、國中、高中

〈項目的進行法〉

　　把毛巾當成皮帶綁在腰際。

　　排成一列縱隊的數人，一個個抓住位於前方者的毛巾，然後依序臥地而睡。

　　全體躺臥在地後，再依序站起身來。

〈項目的趣味點〉

　　站立者依序臥地而睡，再依序睡醒起身，整體的人形變化看來有趣。

〈安全上的注意點〉

　　倒地而睡時避免撞到頭部。

〈用具〉

　　毛巾（腰帶）

# NO.45　毛蟲走路

〈年齡層〉國小低、中、高年級

〈項目的進行法〉

把在頭頂上傳送的大球，改成裝有數個球的袋子（毛蟲）做競技遊戲。

從頭上數次傳遞毛蟲，儘早到達所規定位置者獲勝。

最後接到毛蟲者，必須做下記號。

〈項目的趣味點〉

數個球放進長型的袋內，使得左右前進的情況有所出入，而趣味橫生。

除了從側邊傳遞毛蟲外，也可改成從縱向傳遞，或者變更傳遞的方式。

〈用具〉

放進數個球的袋子（毛蟲）　變成記號的布條等　指揮台（各1）

# NO.46　姜太公釣魚

〈年齡層〉社會人士
〈項目的進行法〉

　　開始後拿著釣竿從池塘邊（平衡台），由上釣起池內的魚再跑回終點。

〈項目的趣味點〉

是否能在平衡台上保持均衡，而釣起魚。

〈用具〉

竹竿　平衡台　圖畫紙上畫成的魚

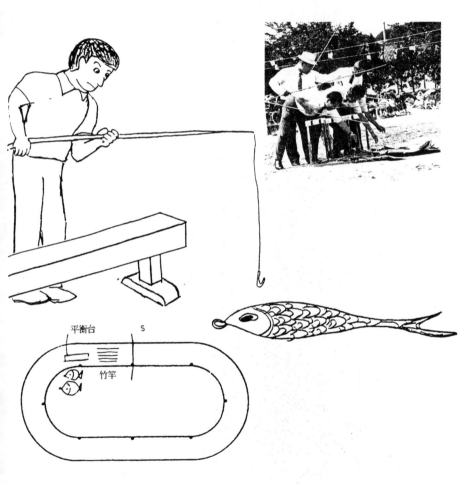

平衡台　　S

竹竿

# NO.47　運氣好壞

〈**年齡層**〉國小中年級

〈**項目的進行法**〉

　開始後拿起卡片。

　卡片上寫著①用單腳跑步

　　　　　　②向後跑步

　　　　　　③向前跑

　　　　　　④拍著球跑

　　　　　　⑤跳著繩跑

　根據卡片上所指示的跑步方式到達終點。

〈項目的趣味點〉

誰最幸運能順利地到達終點？

即使起步較慢，若運勢好也有反敗為勝的機會。

〈用具〉

卡片　球　跳繩

# NO.48 對方是誰

〈年齡層〉國小低、中年級
〈項目的進行法〉

開始後鑽過平衡台再穿過呼拉圈。

拿起卡片根據卡片所指示的猜拳者（戴面具者）到其位置，猜拳勝利則返回終點。

（卡片）　　（猜拳者）

①金太郎—　　　熊

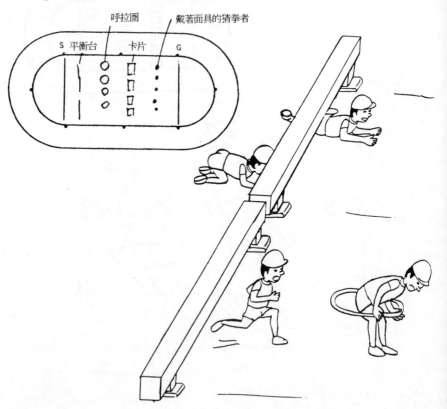

呼拉圈　　戴著面具的猜拳者

S 平衡台　　卡片　　G

②紅豆麵包—黴菌
③孫悟空—如意棒
④小叮噹—兜拉咪
⑤桃太郎—魔鬼
⑥蒲島太郎—烏龜

〈項目的趣味點〉

即使剛開始慢了一步，也有反敗為勝的機會。

〈用具〉

平衡台　呼拉圈　卡片　面具

# NO.49　同心協力1、2、3

〈年齡層〉國小中年級

〈項目的進行法〉

　　在硬紙盒上寫著文字或圖畫，堆疊三個紙盒成為一個文字或圖畫，再穿過呼拉圈回到終點。

〈項目的趣味點〉

　　如何迅速地拼湊字型或圖畫。

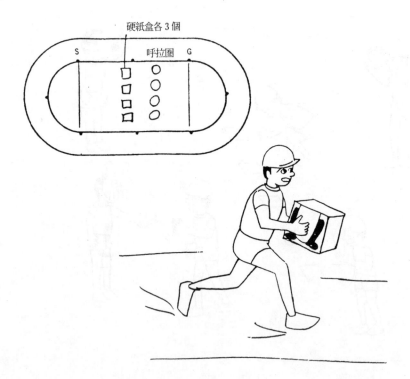

〈用具〉
硬紙盒３個×４＝12個　呼拉圈

# NO.50　兩相好過關

〈年齡層〉國小低年級

〈項目的進行法〉

　　二人一起走到猜拳者的面前。

　　和猜拳者猜拳獲勝者直接度過平衡台，手牽著手回到終點。

　　猜拳落敗時一人背負另一人走到平衡台的位置，度過平衡台後手牽著手回到終點。

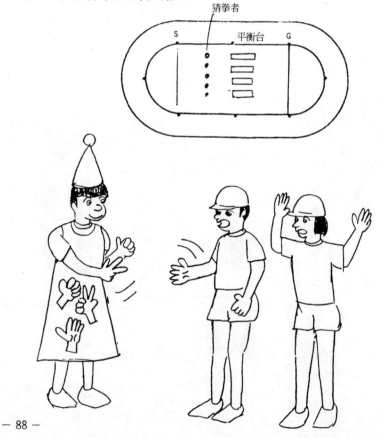

〈項目的趣味點〉

　　即使能力、體格有所出入，也有獲勝的機會。

〈用具〉

　　平衡台

# NO.51 借物競賽

〈**年齡層**〉國中、高中、社會人士
〈**項目的進行法**〉

　　開始後，根據卡片上的指示帶人或物回到終點。

〈項目的趣味點〉
　如何儘早找到卡片上所寫的人（物品）帶回終點。

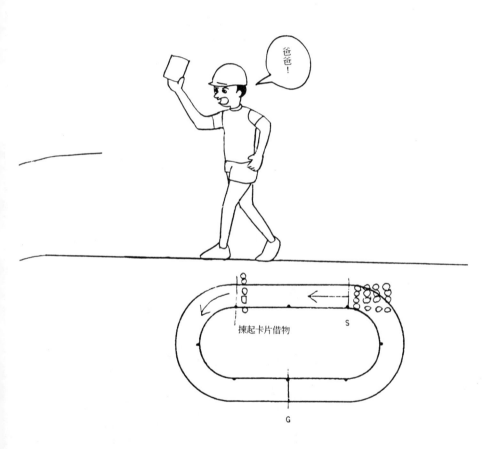

# NO.52　接觸約會

〈年齡層〉國小高年級

〈項目的進行法〉

　　開始後各自拿起卡片。

　　在會合處看彼此所拿的卡片找到與自己成對者，二人用帶子綁住腳一起走向終點。

〈項目的趣味點〉

　　是否能同心協力儘早走到終點。

〈用具〉

　　卡片　繩子　回轉標識物（兩個）

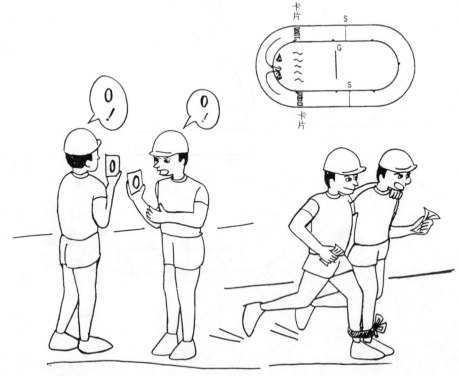

# NO.53　順河而下

〈年齡層〉國中、高中

〈項目的進行法〉

全隊排成一列、彎腰。

在信號指示下，一人由排成行列者的背部走到終點。

※落地時一人拿一張椅子到跌落的位置，從跌落處由椅子踏上行列者的背部再開始。

〈項目的趣味點〉

過河者如何保持均衡並迅速地完成任務。

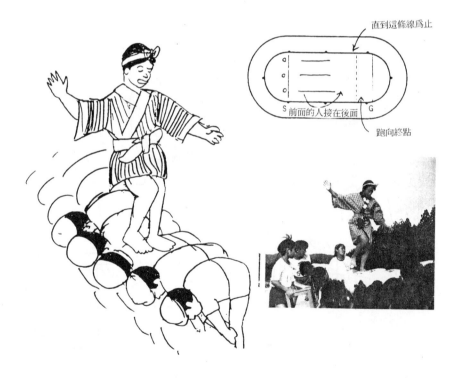

直到這條線為止

S 前面的人接在後面　G

跑向終點

# NO.54 蜈蚣取物競賽

〈年齡層〉國中、高中
〈項目的進行法〉
　排成蜈蚣狀，拿起卡片上所寫的物品回到終點。
〈項目的趣味點〉
　四人一組如何配合動作迅速地到達終點。

## 〈用具〉

繩子　卡片　卡片上所寫的物品

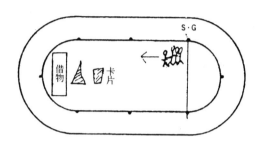

# NO.55　任何情況都不可分離

〈年齡層〉國中、高中
〈項目的進行法〉

　　4人一組拿2根塑膠管，其間夾著球往終點搬運。

　　每一組跑完跑場的四分之一距離。

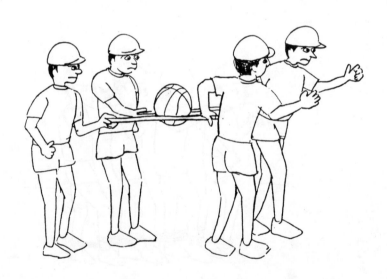

〈項目的趣味點〉
　　四人如何同心協力，避免球落地而儘早搬運到終點。
〈用具〉
　　塑膠管　球

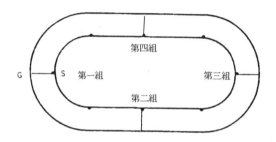

# NO.56　騎馬跑

〈年齡層〉國小高年級、國中
〈項目的進行法〉
　　四人做成騎馬狀，跑50公尺的距離
〈項目的趣味點〉
　　做成馬狀的 3 人是否能搭配得宜地向前跑。
　　而騎在上頭的騎士能保持身體的均衡與否。

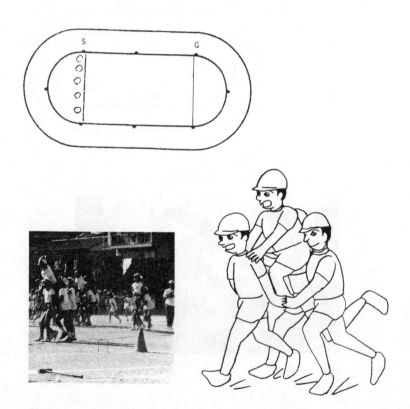

# NO.57　跳繩競賽「考試前」

〈**年齡層**〉國小高年級、國中、高中、社會人士

〈**項目的進行法**〉

　　二人一組。

　　二人在內側各自握住書本的一邊，跳著繩往前進。

　　儘早到達終點的隊伍獲勝。

〈**項目的趣味點**〉

　　二人如何配合跳繩的速度感及呼吸。

　　也可以其他物品取代書本。

〈**用具**〉

　　跳繩　書本

# NO.58　借人蜈蚣競賽

〈**年齡層**〉國中、高中、社會人士

〈**項目的進行法**〉

三人一組，用三人四腳的方式開始賽跑。

途中有一張卡片，卡片上寫著兩個人名。前去帶領卡片上所指示的兩人，由五人做蜈蚣競賽到達終點。

〈**項目的趣味點**〉

是否能發揮團隊精神順利地用三人四腳前進。

能否儘速帶來卡片上所寫的人物。

〈用具〉

　　繩子　卡片　寫上人物名　　蜈蚣用的木屐　繩子也
行

# NO.59　將軍生死決鬥

〈年齡層〉國中、高中

〈項目的進行法〉

　　分成四個顏色的小組，各自奪取他組的寶藏。

　　攻打者－不論其他任何顏色都行，儘管取回寶箱、刀、寶玉、將軍的頭盔。

　　守防者－嚴守自家寶物，避免被其他顏色的人取走。

　　各組安排一名將軍。

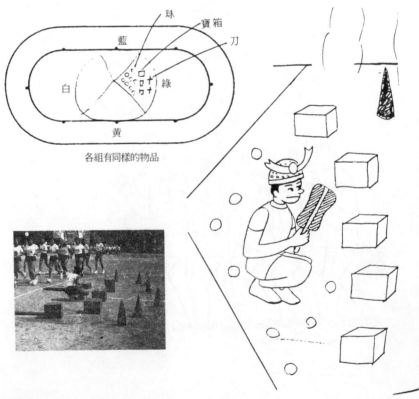

各組有同樣的物品

※球 5 分、寶箱（硬紙盒做成的物品）30 分、刀 50 分、將軍的頭盔 100 分

〈項目的趣味點〉

攻守兩陣孰勝孰敗？

取回較多點數少的物品或較多點數大的物品。

〈用具〉

球　紙箱做成的寶箱　刀　頭盔

P 1 0 0

# NO.60 平衡比賽！

〈**年齡層**〉國小低、中、高年級

〈**項目的進行法**〉

　　將跑道分成接力區。

　　以第一跑者－踩高蹺、第二跑者－單輪車、第三跑者
－踩空罐、第四跑者－滑板做接力賽。

　　接棒用木條來進行。

〈項目的趣味點〉

　　各個跑者如何保持均衡走完全程並交棒給下個跑者。

　　屬於高技能時，也可各自繞轉半圈。

〈用具〉

　　高蹺　滑板　單輪車　空罐

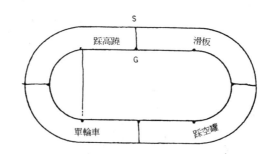

# NO.61　傳球

〈**年齡層**〉高中、社會人士

〈**項目的進行法**〉

　　每一隊呈縱向排列。

　　從頭頂朝後傳球。最後一人接到球後拿著球繞過旗子放在前端。

　　接著張開雙腿從腿間傳球。如此交互進行。

　　最後的人繞過旗子跑向終點線爭奪名次。

〈項目的趣味點〉

　傳球順利與否乃是勝負的關鍵。

　即使超前的隊伍只要球落地則敗北。

　也可改變球的大小或形狀。

〈用具〉

　球　旗子

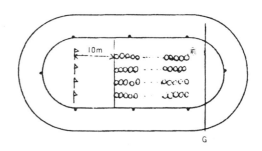

# NO.62　紙條帽

〈**年齡層**〉國小低、中年級
〈**項目的進行法**〉

　　避免戴在頭頂上的紙條帽的紙條著地，而往前奔跑，轉過彩色的圓錐旋轉盤後，回到原處。

　　紙條帽可當接力棒使用。

〈項目的趣味點〉

　　奔跑時避免紙條吹落地面。

〈用具〉

　　15條左右約 2 公尺的紙條做成的帽子（一人份）乘以人數份

# NO.63　格利佛賽跑

〈年齡層〉國小高年級

〈項目的進行法〉

　　首先戴上事先準備的手製帽子，扮成格利佛的模樣。

　　搭上三輪車，前進一定的距離。

　　下三輪車，跑步到達終點。

〈項目的趣味點〉

　　體格變得高大的高學年兒童喬裝成格利佛的模樣，坐在幼兒玩的小型三輪車，拼命踩踏的樣子令人捧腹大笑。

〈用具〉

　　手製帽子　三輪車

# NO.64　通過第一道門！

〈**年齡層**〉國小高年級、國中、高中、社會人士

〈**項目的進行法**〉

開始後用木球的木桿擊球，使其通過窄門。

通過之後朝向終點跑（連打五回也無法通過時也可朝終點而跑）。

〈**項目的趣味點**〉

不善賽跑者也能盡興其中。

〈**用具**〉

木球用的木桿　球門

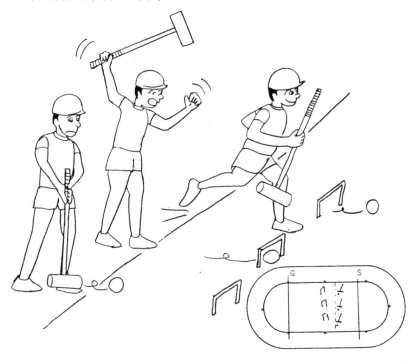

# NO.65　吃麵包賽跑

〈年齡層〉國小高年級、國中、高中、社會人士

〈項目的進行法〉

　　遊戲開始後，用口（不可用手）銜著垂吊而下的麵包跑到終點。

　　麵包可放在袋子內。

〈項目的趣味點〉

　　不用手而用口銜住麵包，使勝負出現意外性。

　　用口一張一合地咬麵包，看來辛苦卻令人感到有趣。

〈用具〉

　　麵包　懸掛麵包的吊台

# NO.66　慢一點再快一點

〈年齡層〉社會人士

〈項目的進行法〉

　　從水桶裡用杯子取水跑向空瓶前，儘快裝滿一公升的水。

　　杯子可當接力棒使用。

〈項目的趣味點〉

　　如何儘快跑步又能避免杯內的水濺出外面，乃是勝負的關鍵。

　　在每桶水內添加不同的顏色更能清楚比賽的過程。

〈用具〉

　　一公升瓶　水桶　杯子

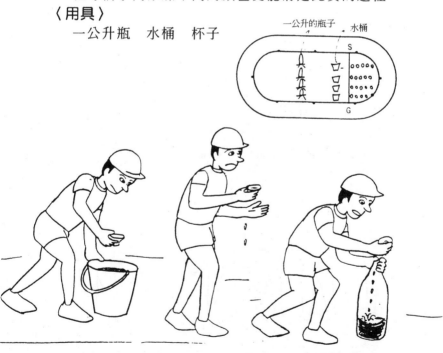

# NO.67　大球滾來滾去

〈年齡層〉國小中、高年級

〈項目的進行法〉

　　各組排成一列。從前方首先傳遞網球，然後依序傳遞躲避球，最後傳遞大球。

　　最後接到球的人將球放進籃內，大球則置於籃上。

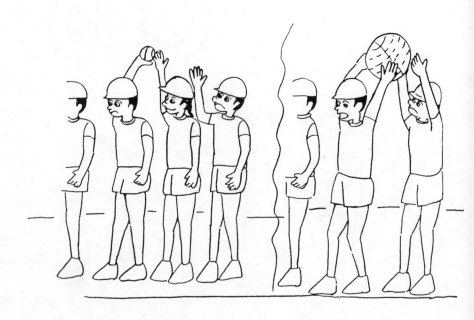

〈項目的趣味點〉

如何迅速地傳送大小不同的球。

〈用具〉

網球　躲避球　大球　籃子

# NO.68　投籃

〈年齡層〉幼稚園、國小低、中、高年級
〈項目的進行法〉

　　將球丟進掛在木棒頂端的籃內。

　　以一定的時間進行，投進較多球者獲勝。

　　可改變籃的高度，而變更競爭者的年齡層。

〈**項目的趣味點**〉

如果可看見籃內所裝進的球數，會使在外加油的啦啦隊沸騰起來。

也可增加籃數或人數來進行（全校投籃等）。

〈**安全上的注意點**〉

結束後將籃子取下時注意避免碰觸到他人。

〈**用具**〉

籃子　球

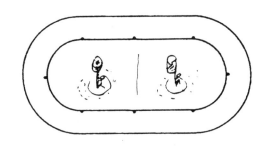

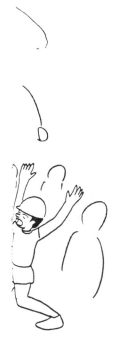

# NO.69　兩段投籃

〈年齡層〉國小中、高年級、國中
〈項目的進行法〉

　　把兩個籃子裝置在一根竹竿或木棒上。

　　在一定的時間內儘量把球投進上層的籃內。

　　球落入下層籃內要扣分。

〈項目的趣味點〉

　　必須想辦法儘量多量投球在上籃內，而避免將球投入下籃內。

　　即使上籃放進多量的球，也可能落敗。

　　也可以根據兩方所投的球數決定勝負。

〈用具〉

　　裝有兩個籃的木棒　紅白的球

# NO.70 敲鈴

〈年齡層〉幼稚園、國小、國中、高中、社會人士

〈項目的進行法〉

在場地的左右放置用竹籃做成的鈴。

用球對準鈴給予敲破。

儘早敲破鈴者獲勝。

〈項目的趣味點〉

位於高處的鈴何時會被敲破？

被敲破的鈴會跑出什麼東西來。

根據競賽者的年齡層可變更鈴的位置（高度）。

〈安全上的注意點〉

鈴中不可放置危險的物品。

〈用具〉

擲鈴用的球　用竹籃做成的鈴

# NO.71 移動擲球

〈年齡層〉國小中、高年級、國中
〈項目的進行法〉

　　各組的一人背著竹籃四處亂跑。

　　將球多量投入對方籃內者獲勝。

全部使用競技場內

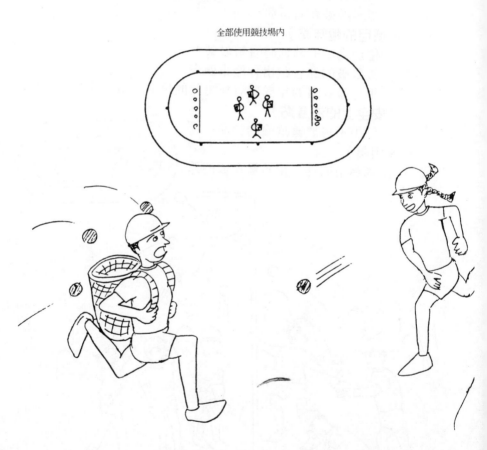

〈 項目的趣味點 〉

背竹籃者，如何四處躲避被他人丟球入籃。

把背竹籃者裝扮得特別醒目更爲有趣。

〈 安全上的注意點 〉

不可將球對準背籃者的臉部投擲。

〈 用具 〉

竹籃　擲球用的球

# NO.72 協力之花

〈**年齡層**〉國小高年級、國中、高中

〈**項目的進行法**〉

　　比賽在兩個跳箱台上可以站幾個人。

　　四人一組一起跳上跳箱台，其中若有一人無法站上台則競賽結束。

　　可根據人數或競爭的小組變更跳箱的數目。

〈**項目的趣味點**〉

　　狹窄的跳箱上有多少人站得住腳呢？只要看擁擠在跳箱上顯得戰戰兢兢者的模樣就挺有趣。

　　除了跳箱外可利用其他的台子。（例如平衡台等）

〈**安全上的注意點**〉

　　站在跳箱上時不要用力地推壓。

〈**用具**〉

　　跳箱（2）

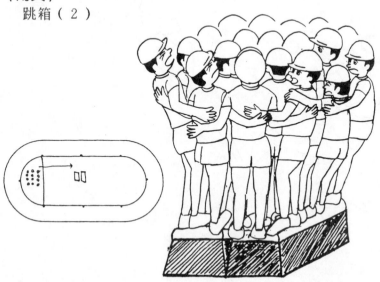

# NO.73　踩氣球

〈年齡層〉國小中、高年級、國中
〈項目的進行法〉

在腳腕綁上用繩子綁住的氣球，彼此用腳踩踏。

在限制時間內所剩的氣球最多者獲勝。

（一人綁 2 個。大個子綁 3 個）

〈項目的趣味點〉

如何保護自己的氣球，擠破他人的氣球。

〈用具〉

氣球（人數份）　繩子

# NO.74 拔河（A）

〈**年齡層**〉國小中年級

〈**項目的進行法**〉

分成兩隊拔河。

20秒後，佔優勢者一邊獲勝。

### 〈項目的趣味點〉

　　是否能同心協力奮力拔河。

### 〈用具〉

　　繩索　小旗　計時鐘

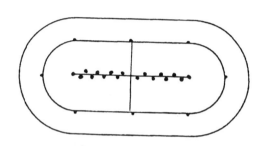

# NO.75 拔河（B）

〈年齡層〉國小高年級、國中
〈項目的進行法〉

　　拔河3次決勝負。

第1戰。由女子先拔河，接著男子再加入陣營。

第2戰。由男子先拔河，接著女子再加入陣營。

第3戰。男子、女子一起拔河。

〈項目的趣味點〉

男女的協力度如何。

〈用具〉

麻繩　小旗　計時鐘

# NO.76 拔河（C）

〈年齡層〉國小高年級、國中

〈項目的進行法〉

　　回答問題之後再拔河。答對者發表正確答案（合格訊號）的同時前往拔河。

　　答錯者受處罰之後再拔河。

〈項目的趣味點〉

　　猜出正確的謎語，看有多少人能立即參與拔河。

答錯時如何迅速接受處罰，而趕緊參與拔河。

〈用具〉

　　粗麻繩　小旗　計時錶　謎語的問題

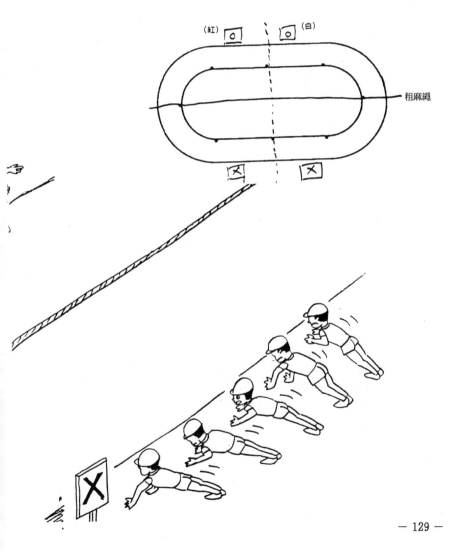

# NO.77　十字拔河（D）

〈年齡層〉國小高年級、國中
〈項目的進行法〉

　　準備兩條粗麻繩，呈十字狀拔河。

　　位在繩後端者，手不離麻繩負責取旗。

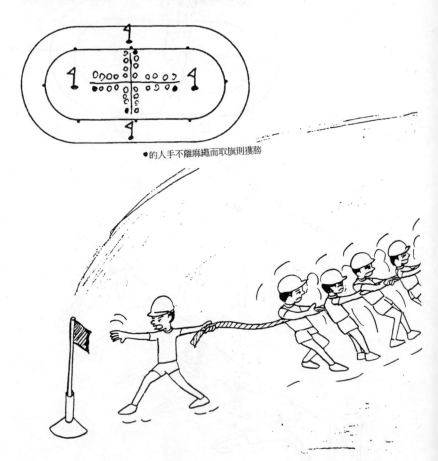

●的人手不離麻繩而取旗則獲勝

〈項目的趣味點〉

　　位於最後者能否迅速地取旗。

　　兩條拔河有異於一條拔河的趣味性。

〈用具〉

　　2條粗麻繩　小旗　計時錶　4根旗子

# NO.78 拔河（E）

〈年齡層〉國小中、高年級

〈項目的進行法〉

　　配合著音樂在跑道上奔跑。

　　聽到槍聲的訊號則拔自己陣營的繩索。

　　※位於自己陣營內者立即可拔河。

　　　位於對方陣營者必須繞過旗子回到自家陣營。

〈項目的趣味點〉

　　當音樂停止時自己是否位於自家陣營內。

〈用具〉
　　粗麻繩　2根旗子

# NO.79 大家一起跳！

〈年齡層〉國小中、高年級、國中、高中、社會人士

〈項目的進行法〉

比賽跳過大繩的次數。

一組可以挑戰 3 回左右。

合計 3 回所跳過的次數以最多者獲勝。

〈項目的趣味點〉

這必須發揮同心協力的團隊精神，競技者認眞的參與會引起共鳴。

讓觀眾為競技者計數，可使觀眾與競技者合為一體。

〈用具〉

大繩

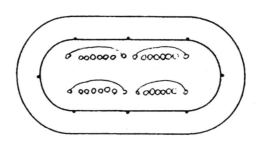

# NO.80　挖寶

〈年齡層〉國小高年級、國中

〈項目的進行法〉

把並排在場地中央的大小輪胎搬到自己的陣營內，根據其數目決定勝負。大輪胎、2分，小輪胎、1分。

＊不可以取走位於陣營內的輪胎。

〈項目的趣味點〉

是搬分數較多的大輪胎或搬較多分數少的小輪胎？

〈用具〉
　　大輪胎　小輪胎（根據人數決定個數）

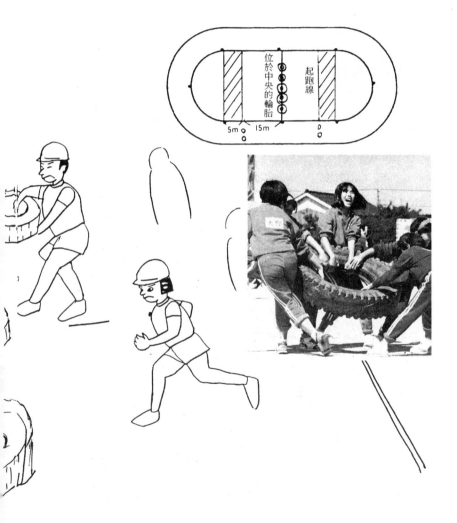

# NO.81 拔竹竿

〈年齡層〉國小高年級、國中

〈項目的進行法〉

　　彼此拉扯位於中央的竹竿，根據拉到自家陣營內的竿數決定勝負。

〈項目的趣味點〉

　　同組人如何發揮團隊精神搬運更多的竹竿。

## 〈用具〉
竹竿

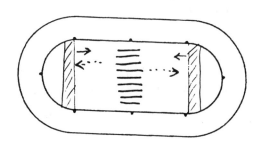

# NO.82　騎馬戰（A）

〈**年齡層**〉國小高年級、國中、高中、社會人士
〈**項目的進行法**〉

　　以相向的馬陣對戰。（騎士落地或頭部低於馬的膝蓋以下則落敗）

　　隊伍少時可做聯盟賽。隊伍多時也可分成A、B兩聯盟進行聯盟賽，各聯盟的優勝者再進行總決賽。

　　爲了提高氣氛，可採取入場用大鼓聲、比賽開始用喇叭聲的方法。

〈項目的趣味點〉

　　那一隊能儘早打敗對方的騎馬陣？

〈安全上的注意點〉

　　不要做過於激烈的攻擊。

〈用具〉

　　計時錶　大鼓　喇叭

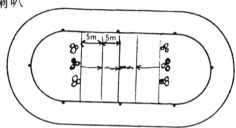

# NO.83　騎馬戰（B）

〈**年齡層**〉國小高年級、國中、高中、社會人士
〈**項目的進行法**〉

　　騎在上頭者頭上戴著手製的頭盔，手拿報紙做成的紙刀。

　　用紙刀砍掉敵方騎士頭上的頭盔者獲勝。

　　由騎馬陣剩餘較多的隊伍獲勝。

〈項目的趣味點〉

　　打扮成武士的模樣，如果能各自在頭盔上下點工夫更有實戰的氣氛。

〈安全上的注意點〉

　　紙刀不要做得太堅固。

　　特別注意不要敲打臉部。（禁止用推）

〈用具〉

　　頭盔　刀　（手製）

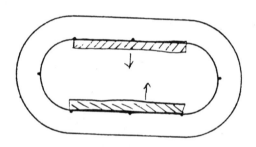

# NO.84　騎馬摘帽

〈**年齡層**〉國小高年級、國中、高中、社會人士
〈**項目的進行法**〉

　　分成紅白兩隊，騎士彼此摘對方的帽子（頭巾亦可）在限制時間內根據所剩餘的騎馬陣決定勝負。

　　＊馬陣毀於一旦時，也等於被摘了帽。

〈**項目的趣味點**〉

　　是否能迅速地摘取對方的帽子（頭巾）。

〈安全上的注意點〉

　　不做過份激烈的攻擊。

〈用具〉

　　帽子（頭巾）　計時錶

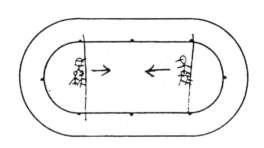

# NO.85　推棒摘旗

〈年齡層〉國中、高中

〈項目的進行法〉

　　分成攻打者和防守者兩隊，彼此競相摘取對方陣內木棒頂端的小旗。

〈項目的趣味點〉

　　充滿著強悍與躍動感的動作。

〈安全上的注意點〉

　　赤腳搏鬥。不可用踢。

〈用具〉

　　5公尺的棒　小旗

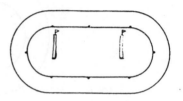

# NO.86　尋寶（雪上）

〈**年齡層**〉幼稚園、國小低、中年級
〈**項目的進行法**〉

　　將對手隊伍的寶藏藏在雪地中。

　　在開始的訊號下趕緊尋找被藏匿的寶藏。

　　在結束的訊號下以找到最多的寶藏獲勝。

〈**項目的趣味點**〉

　　掩埋及尋找寶藏，本身就充滿著趣味性。

　　也可以用寶藏的顏色或形狀打分數而分高低。

〈**安全上的注意點**〉

　　為了避免掩埋的寶藏被發現，可在中央放置屏風等。

〈**用具**〉

　　做為寶藏的物品

# NO.87　雪上障礙賽

〈**年齡層**〉國小、國中、高中、社會人士
〈**項目的進行法**〉

　　開始後，穿過各個障礙朝終點前進。

　　障礙可利用雪做成「雪山」「防球網」「丟雪球」「搬雪球」等。

〈**安全上的注意點**〉

　　事先在跑道上踏平雪。

〈**用具**〉

　　網　標的　雪車

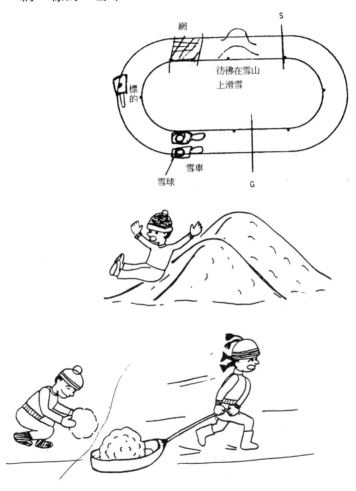

# NO.88　穿橇賽跑

〈年齡層〉國小中、高年級、國中、高中、社會人士

〈項目的進行法〉

　　開始後穿上橇，繞過旗子回到終點。

　　＊奔跑的過程中橇不可脫離腳步。

〈項目的趣味點〉

　　張開兩腿奔跑的模樣顯得滑稽。

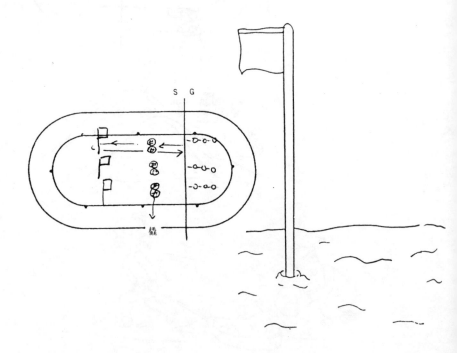

〈**安全上的注意點**〉
　　可以讓競技者充分瞭解橇的穿法後再做賽跑。
〈**用具**〉
　　橇　旗

# NO.89 做雪塔

〈年齡層〉幼稚園、國小低、中年級
〈項目的進行法〉

　　二人一組，在笛子的訊號下儘量製作各種大小不同的雪球。（10～15分鐘）

　　將做好的雪球堆積在一起，堆砌成高塔的隊伍獲勝。（5～10分鐘）

　　（不成雪球狀者不算數）

〈項目的趣味點〉

　　在限定的時間內如何同心協力製作雪球，並搭成巨高的雪塔。如何堆積大小不同的雪球，乃是勝負的關鍵。

〈安全上的注意點〉

　　準備手套、穿著溫暖的服裝。

〈用具〉

　　量尺

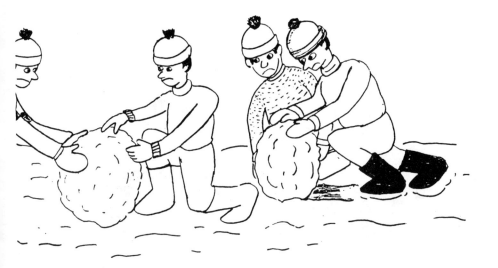

# NO.90　救生圈合戰

〈年齡層〉國小高年級、國中、高中、社會人士

〈項目的進行法〉

　　坐在救生圈上雙腳往前伸，用手做前進或後退的動作，同時以推或拉的方式擊倒對方。

〈項目的趣味點〉

　　在救生圈上如何保持平衡避免墜落。

〈安全上的注意點〉

　　不可拍打或抓對方。

〈用具〉

　　救生圈

# NO.91　推棒接力

〈年齡層〉國小高年級－國中－高中－社會人士

〈項目的進行法〉

　　四人一組推著粗棒往前游泳，到達對岸後交棒給下一組接力。

　　＊用拍打式或蛙式都行，絕不可站起來推棒。

　　根據游泳能力增減距離。

〈項目的趣味點〉

　　是否能用最短的距離筆直往前推進。

〈用具〉

　　約2公尺的粗棍棒2根

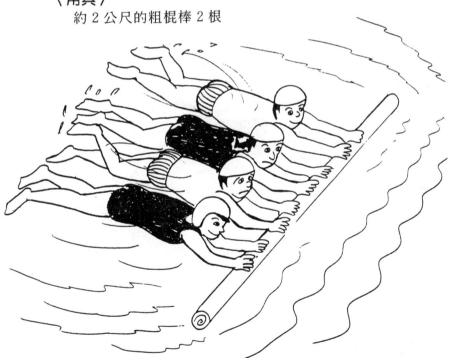

# NO.92 手臂泳賽

〈**年齡層**〉國小高年級、國中、高中、社會人士

〈**時間**〉約 10 分

〈**項目的進行法**〉

不用腳只用手游泳,游到下一位者跟前做接力賽。（雙腳筆直伸展）

＊手的動作可用爬式或狗爬式。利用腳就失敗。

## 〈項目的趣味點〉

如何迅速地用手划行前進。

# NO.93　手推車

〈年齡層〉國小高年級、國中、高中、社會人士
〈項目的進行法〉

　　二人一組，位於前方者只用手前進，位於後方者抬住前方者的身體，彷彿手推車一般地往前推進。

＊避免讓前方者的雙腳拍動。

〈 **項目的趣味點** 〉

　　成對的二人是否搭配得宜。

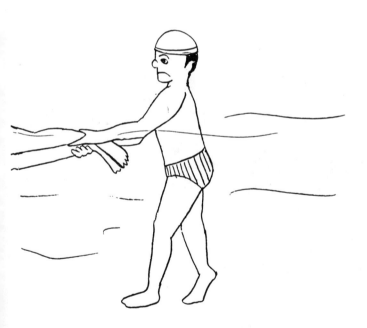

# NO.94 鯉魚躍龍門

〈年齡層〉國小高年級、國中、高中、社會人士
〈項目的進行法〉

　　一組分成兩列彼此面對站立，面對面站立者各自握住對方的手。當做鯉魚躍龍門者伸直雙手呈匍匐狀，位於兩列伙伴用手搭成的橋上。在信號下面對面站立的兩列人，上下擺動手讓人做的鯉魚慢慢地往前游過。

　〈項目的趣味點〉

　　送鯉魚前進者是否能順利地讓鯉魚躍龍門。

# NO.95　烏龜賽跑

〈**年齡層**〉國小高年級、國中、高中、社會人士

〈**項目的進行法**〉

　　二人一組，重疊一起游泳。

　　大烏龜做平泳，雙手搭在大烏龜肩上的小烏龜可採用蛙式或拍打式。

〈**項目的趣味點**〉

　　上下二人是否搭配得宜。

# NO.96　落水老鼠

〈年齡層〉國中、高中、社會人士
〈項目的進行法〉

　　穿著T恤和牛仔褲游泳。

　　途中脫掉T恤和牛仔褲再游到終點。

〈項目的趣味點〉

　　穿著衣服游得起來嗎？能迅速地脫掉身上的衣服嗎？

〈用具〉

　　Ｔ恤　牛仔褲

# NO.97　各組體操

〈年齡層〉國小高年級、國中
〈項目的進行法〉

從兩人組到複數人，表現各種型態。

①仙人掌　　　　（ 2 人 ）
②倒立　　　　　（ 2 人 ）
③扇子　　　　　（ 5 人 ）
④金字塔　　　　（ 10 人 ）
⑤塔　　　　　　（ 10 人 ）

〈項目的趣味點〉

　　平面的操場變成立體狀。

〈安全上的注意點〉

　　依照身高、體重、肌力來安排各組。

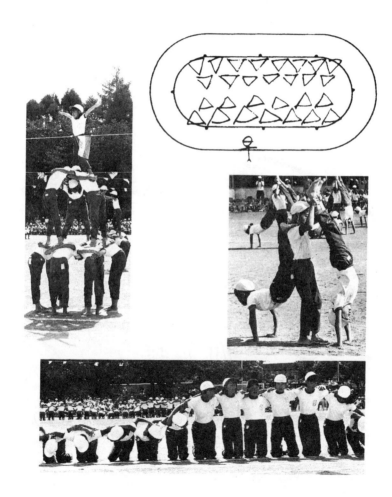

# NO.98 大型跳繩賽

〈年齡層〉國小中、高年級、國中、高中、社會人士
〈項目的進行法〉
　　利用長跳繩的各式跳法在操場各地進行。

〈項目的趣味點〉
　可以大家一起來享受各種跳繩方式的樂趣。
〈用具〉
　長繩

# NO.99　單輪車

〈年齡層〉國小低、中、高年級

〈項目的進行法〉

　　個人或團體依各個技能的程度做各式各樣的表演。可徒手騎單輪車或手拿用具。

〈項目的趣味點〉

　　在與地面只有一處接點的單輪車上，保持均衡並駕馭自如。

〈安全上的注意點〉

依技能的程度做不同的表演。

〈用具〉

單輪車

# NO.100 舞蹈

〈**年齡層**〉幼稚園、國小、國中、高中、社會人士
〈**項目的進行法**〉

　　*1.* 發表型—清楚地畫分表演者和觀賞者。可穿插在節目之中。其中可引用流行的舞蹈或在服裝上做變化等。

　　2.參加型─會場任何人都可參加的舞蹈。節目的開始或午休前後、結束時做這類舞蹈，可緩和競技場的氣氛。各校傳統舞蹈或地區的民族舞蹈或眾所熟悉的舞蹈等等都適宜。

# 啦啦隊

　　希望能以領導者爲中心讓兒童們有自主、自治性的活動（和社團活動、兒童會、學生會活動相關連）。這是使運動會場面熱鬧的重要項目，最好能充分地發揮兒童們的創意與構想。

## 編著者簡介

太田昌秀　1936年出生於東京。1958年東京教育大學體育學部畢業。上越教育大學教授。世界選手權大會－華爾納大會（1974年）體操競技裁判。世界選手權大會－修特拉斯布爾大會（1978年）體操競技總教練。世界選手權大會福特華斯大會（1979年）體操競技團長。ＩＮＦ國際跳繩競技聯盟會長。日本學校體育教育研究會會長。著作有『圖說跳繩運動』『器械運動指導手冊』（共著）等多數。

青木眞　1942年出生於新潟。東京大學體育學部畢業。同大學院修了（體育管理學專攻）。上越大學副教授。

## 大展出版社有限公司 圖書目錄

地址：台北市北投區11204　　電話：（02）8236031
　　　 致遠一路二段12巷1號　　　　　　 8236033
郵撥： 0166955～1　　　　　　傳眞：（02）8272069

## • 法律專欄連載 • 電腦編號 58

台大法學院　　法律學系／策劃
　　　　　　　法律服務社／編著

| | | |
|---|---|---|
| ①別讓您的權利睡著了① | | 200元 |
| ②別讓您的權利睡著了② | | 200元 |

## • 秘傳占卜系列 • 電腦編號 14

| | | |
|---|---|---|
| ①手相術 | 淺野八郎著 | 150元 |
| ②人相術 | 淺野八郎著 | 150元 |
| ③西洋占星術 | 淺野八郎著 | 150元 |
| ④中國神奇占卜 | 淺野八郎著 | 150元 |
| ⑤夢判斷 | 淺野八郎著 | 150元 |
| ⑥前世、來世占卜 | 淺野八郎著 | 150元 |
| ⑦法國式血型學 | 淺野八郎著 | 150元 |
| ⑧靈感、符咒學 | 淺野八郎著 | 150元 |
| ⑨紙牌占卜學 | 淺野八郎著 | 150元 |
| ⑩ＥＳＰ超能力占卜 | 淺野八郎著 | 150元 |
| ⑪猶太數的秘術 | 淺野八郎著 | 150元 |
| ⑫新心理測驗 | 淺野八郎著 | 160元 |

## • 趣味心理講座 • 電腦編號 15

| | | | |
|---|---|---|---|
| ①性格測驗 1 | 探索男與女 | 淺野八郎著 | 140元 |
| ②性格測驗 2 | 透視人心奧秘 | 淺野八郎著 | 140元 |
| ③性格測驗 3 | 發現陌生的自己 | 淺野八郎著 | 140元 |
| ④性格測驗 4 | 發現你的真面目 | 淺野八郎著 | 140元 |
| ⑤性格測驗 5 | 讓你們吃驚 | 淺野八郎著 | 140元 |
| ⑥性格測驗 6 | 洞穿心理盲點 | 淺野八郎著 | 140元 |
| ⑦性格測驗 7 | 探索對方心理 | 淺野八郎著 | 140元 |
| ⑧性格測驗 8 | 由吃認識自己 | 淺野八郎著 | 140元 |
| ⑨性格測驗 9 | 戀愛知多少 | 淺野八郎著 | 140元 |

⑩性格測驗10　由裝扮瞭解人心　淺野八郎著　140元
⑪性格測驗11　敲開內心玄機　淺野八郎著　140元
⑫性格測驗12　透視你的未來　淺野八郎著　140元
⑬血型與你的一生　淺野八郎著　140元
⑭趣味推理遊戲　淺野八郎著　160元
⑮行爲語言解析　淺野八郎著　160元

## ・婦 幼 天 地・電腦編號 16

①八萬人減肥成果　黃靜香譯　150元
②三分鐘減肥體操　楊鴻儒譯　150元
③窈窕淑女美髮秘訣　柯素娥譯　130元
④使妳更迷人　成　玉譯　130元
⑤女性的更年期　官舒妍編譯　160元
⑥胎內育兒法　李玉瓊編譯　150元
⑦早產兒袋鼠式護理　唐岱蘭譯　200元
⑧初次懷孕與生產　婦幼天地編譯組　180元
⑨初次育兒12個月　婦幼天地編譯組　180元
⑩斷乳食與幼兒食　婦幼天地編譯組　180元
⑪培養幼兒能力與性向　婦幼天地編譯組　180元
⑫培養幼兒創造力的玩具與遊戲　婦幼天地編譯組　180元
⑬幼兒的症狀與疾病　婦幼天地編譯組　180元
⑭腿部苗條健美法　婦幼天地編譯組　150元
⑮女性腰痛別忽視　婦幼天地編譯組　150元
⑯舒展身心體操術　李玉瓊編譯　130元
⑰三分鐘臉部體操　趙薇妮著　160元
⑱生動的笑容表情術　趙薇妮著　160元
⑲心曠神怡減肥法　川津祐介著　130元
⑳內衣使妳更美麗　陳玄茹譯　130元
㉑瑜伽美姿美容　黃靜香編著　150元
㉒高雅女性裝扮學　陳珮玲譯　180元
㉓蠶糞肌膚美顏法　坂梨秀子著　160元
㉔認識妳的身體　李玉瓊譯　160元
㉕產後恢復苗條體態　居理安・芙萊喬著　200元
㉖正確護髮美容法　山崎伊久江著　180元
㉗安琪拉美姿養生學　安琪拉蘭斯博瑞著　180元

## ・靑 春 天 地・電腦編號 17

①A血型與星座　柯素娥編譯　120元
②B血型與星座　柯素娥編譯　120元

③O血型與星座　　　　　　柯素娥編譯　　120元
④AB血型與星座　　　　　　柯素娥編譯　　120元
⑤青春期性教室　　　　　　呂貴嵐編譯　　130元
⑥事半功倍讀書法　　　　　王毅希編譯　　150元
⑦難解數學破題　　　　　　宋釗宜編譯　　130元
⑧速算解題技巧　　　　　　宋釗宜編譯　　130元
⑨小論文寫作秘訣　　　　　林顯茂編譯　　120元
⑪中學生野外遊戲　　　　　熊谷康編著　　120元
⑫恐怖極短篇　　　　　　　柯素娥編譯　　130元
⑬恐怖夜話　　　　　　　　小毛驢編譯　　130元
⑭恐怖幽默短篇　　　　　　小毛驢編譯　　120元
⑮黑色幽默短篇　　　　　　小毛驢編譯　　120元
⑯靈異怪談　　　　　　　　小毛驢編譯　　130元
⑰錯覺遊戲　　　　　　　　小毛驢編譯　　130元
⑱整人遊戲　　　　　　　　小毛驢編著　　150元
⑲有趣的超常識　　　　　　柯素娥編譯　　130元
⑳哦！原來如此　　　　　　林慶旺編譯　　130元
㉑趣味競賽100種　　　　　劉名揚編譯　　120元
㉒數學謎題入門　　　　　　宋釗宜編譯　　150元
㉓數學謎題解析　　　　　　宋釗宜編譯　　150元
㉔透視男女心理　　　　　　林慶旺編譯　　120元
㉕少女情懷的自白　　　　　李桂蘭編譯　　120元
㉖由兄弟姊妹看命運　　　　李玉瓊編譯　　130元
㉗趣味的科學魔術　　　　　林慶旺編譯　　150元
㉘趣味的心理實驗室　　　　李燕玲編譯　　150元
㉙愛與性心理測驗　　　　　小毛驢編譯　　130元
㉚刑案推理解謎　　　　　　小毛驢編譯　　130元
㉛偵探常識推理　　　　　　小毛驢編譯　　130元
㉜偵探常識解謎　　　　　　小毛驢編譯　　130元
㉝偵探推理遊戲　　　　　　小毛驢編譯　　130元
㉞趣味的超魔術　　　　　　廖玉山編著　　150元
㉟趣味的珍奇發明　　　　　柯素娥編著　　150元
㊱登山用具與技巧　　　　　陳瑞菊編著　　150元

## ・健康天地・電腦編號18

①壓力的預防與治療　　　　柯素娥編譯　　130元
②超科學氣的魔力　　　　　柯素娥編譯　　130元
③尿療法治病的神奇　　　　中尾良一著　　130元
④鐵證如山的尿療法奇蹟　　廖玉山譯　　　120元
⑤一日斷食健康法　　　　　葉慈容編譯　　120元

⑥胃部強健法　　　　　　　　　　陳炳崑譯　120元
⑦癌症早期檢查法　　　　　　　　廖松濤譯　160元
⑧老人痴呆症防止法　　　　　　　柯素娥編譯　130元
⑨松葉汁健康飲料　　　　　　　　陳麗芬編譯　130元
⑩揉肚臍健康法　　　　　　　　　永井秋夫著　150元
⑪過勞死、猝死的預防　　　　　　卓秀貞編譯　130元
⑫高血壓治療與飲食　　　　　　　藤山順豐著　150元
⑬老人看護指南　　　　　　　　　柯素娥編譯　150元
⑭美容外科淺談　　　　　　　　　楊啟宏著　150元
⑮美容外科新境界　　　　　　　　楊啟宏著　150元
⑯鹽是天然的醫生　　　　　　　　西英司郎著　140元
⑰年輕十歲不是夢　　　　　　　　梁瑞麟譯　200元
⑱茶料理治百病　　　　　　　　　桑野和民著　180元
⑲綠茶治病寶典　　　　　　　　　桑野和民著　150元
⑳杜仲茶養顏減肥法　　　　　　　西田博著　150元
㉑蜂膠驚人療效　　　　　　　　　瀨長艮三郎著　150元
㉒蜂膠治百病　　　　　　　　　　瀨長艮三郎著　150元
㉓醫藥與生活　　　　　　　　　　鄭炳全著　180元
㉔鈣長生寶典　　　　　　　　　　落合敏著　180元
㉕大蒜長生寶典　　　　　　　　　木下繁太郎著　160元
㉖居家自我健康檢查　　　　　　　石川恭三著　160元
㉗永恒的健康人生　　　　　　　　李秀鈴譯　200元
㉘大豆卵磷脂長生寶典　　　　　　劉雪卿譯　150元
㉙芳香療法　　　　　　　　　　　梁艾琳譯　160元
㉚醋長生寶典　　　　　　　　　　柯素娥譯　180元
㉛從星座透視健康　　　　席拉‧吉蒂斯著　180元
㉜愉悅自在保健學　　　　　　　　野本二士夫著　160元
㉝裸睡健康法　　　　　　　　　　丸山淳士等著　160元
㉞糖尿病預防與治療　　　　　　　藤田順豐著　180元
㉟維他命長生寶典　　　　　　　　菅原明子著　180元
㊱維他命C新效果　　　　　　　　鐘文訓編　150元
㊲手、腳病理按摩　　　　　　　　堤芳郎著　160元
㊳AIDS瞭解與預防　　　　　　彼得塔歇爾著　180元
㊴甲殼質殼聚糖健康法　　　　　　沈永嘉譯　160元

## ・實用女性學講座・ 電腦編號 19

①解讀女性內心世界　　　　　　　島田一男著　150元
②塑造成熟的女性　　　　　　　　島田一男著　150元
③女性整體裝扮學　　　　　　　　黃靜香編著　180元
④女性應對禮儀　　　　　　　　　黃靜香編著　180元

## •校園系列•電腦編號20

| ①讀書集中術 | 多湖輝著 | 150元 |
|---|---|---|
| ②應考的訣竅 | 多湖輝著 | 150元 |
| ③輕鬆讀書贏得聯考 | 多湖輝著 | 150元 |
| ④讀書記憶秘訣 | 多湖輝著 | 150元 |
| ⑤視力恢復！超速讀術 | 江錦雲譯 | 180元 |

## •實用心理學講座•電腦編號21

| ①拆穿欺騙伎倆 | 多湖輝著 | 140元 |
|---|---|---|
| ②創造好構想 | 多湖輝著 | 140元 |
| ③面對面心理術 | 多湖輝著 | 160元 |
| ④僞裝心理術 | 多湖輝著 | 140元 |
| ⑤透視人性弱點 | 多湖輝著 | 140元 |
| ⑥自我表現術 | 多湖輝著 | 150元 |
| ⑦不可思議的人性心理 | 多湖輝著 | 150元 |
| ⑧催眠術入門 | 多湖輝著 | 150元 |
| ⑨責罵部屬的藝術 | 多湖輝著 | 150元 |
| ⑩精神力 | 多湖輝著 | 150元 |
| ⑪厚黑說服術 | 多湖輝著 | 150元 |
| ⑫集中力 | 多湖輝著 | 150元 |
| ⑬構想力 | 多湖輝著 | 150元 |
| ⑭深層心理術 | 多湖輝著 | 160元 |
| ⑮深層語言術 | 多湖輝著 | 160元 |
| ⑯深層說服術 | 多湖輝著 | 180元 |
| ⑰掌握潛在心理 | 多湖輝著 | 160元 |

## •超現實心理講座•電腦編號22

| ①超意識覺醒法 | 詹蔚芬編譯 | 130元 |
|---|---|---|
| ②護摩秘法與人生 | 劉名揚編譯 | 130元 |
| ③秘法！超級仙術入門 | 陸　明譯 | 150元 |
| ④給地球人的訊息 | 柯素娥編著 | 150元 |
| ⑤密教的神通力 | 劉名揚編著 | 130元 |
| ⑥神秘奇妙的世界 | 平川陽一著 | 180元 |
| ⑦地球文明的超革命 | 吳秋嬌譯 | 200元 |
| ⑧力量石的秘密 | 吳秋嬌譯 | 180元 |
| ⑨超能力的靈異世界 | 馬小莉譯 | 200元 |

## ・養 生 保 健・電腦編號 23

①醫療養生氣功　　　　　　　黃孝寬著　250元
②中國氣功圖譜　　　　　　　余功保著　230元
③少林醫療氣功精粹　　　　　井玉蘭著　250元
④龍形實用氣功　　　　　　　吳大才等著　220元
⑤魚戲增視強身氣功　　　　　宮　嬰著　220元
⑥嚴新氣功　　　　　　　　　前新培金著　250元
⑦道家玄牝氣功　　　　　　　張　章著　200元
⑧仙家秘傳祛病功　　　　　　李遠國著　160元
⑨少林十大健身功　　　　　　秦慶豐著　180元
⑩中國自控氣功　　　　　　　張明武著　250元
⑪醫療防癌氣功　　　　　　　黃孝寬著　250元
⑫醫療強身氣功　　　　　　　黃孝寬著　250元
⑬醫療點穴氣功　　　　　　　黃孝寬著　220元
⑭中國八卦如意功　　　　　　趙維漢著

## ・社 會 人 智 囊・電腦編號 24

①糾紛談判術　　　　　　　　清水增三著　160元
②創造關鍵術　　　　　　　　淺野八郎著　150元
③觀人術　　　　　　　　　　淺野八郎著　180元
④應急詭辯術　　　　　　　　廖英迪編著　160元
⑤天才家學習術　　　　　　　木原武一著　160元
⑥猫型狗式鑑人術　　　　　　淺野八郎著　180元
⑦逆轉運掌握術　　　　　　　淺野八郎著　180元
⑧人際圓融術　　　　　　　　澀谷昌三著　160元

## ・精 選 系 列・電腦編號 25

①毛澤東與鄧小平　　　　　　渡邊利夫等著　280元
②中國大崩裂　　　　　　　　江戶介雄著　180元
③台灣・亞洲奇蹟　　　　　　上村幸治著　220元
④7-ELEVEN高盈收策略　　　　國友隆一著　180元

## ・運 動 遊 戲・電腦編號 26

①雙人運動　　　　　　　　　李玉瓊譯　160元
②愉快的跳繩運動　　　　　　廖玉山譯　180元
③運動會項目精選　　　　　　王佑京譯　150元

④肋木運動　　　　　　　　　廖玉山譯　150元
⑤測力運動　　　　　　　　　王佑宗譯　150元

## ・心靈雅集・電腦編號 00

①禪言佛語看人生　　　　　　松濤弘道著　180元
②禪密教的奧秘　　　　　　　葉逯謙譯　　120元
③觀音大法力　　　　　　　　田口日勝著　120元
④觀音法力的大功德　　　　　田口日勝著　120元
⑤達摩禪106智慧　　　　　　劉華亭編譯　150元
⑥有趣的佛教研究　　　　　　葉逯謙編譯　120元
⑦夢的開運法　　　　　　　　蕭京凌譯　　130元
⑧禪學智慧　　　　　　　　　柯素娥編譯　130元
⑨女性佛教入門　　　　　　　許俐萍譯　　110元
⑩佛像小百科　　　　　　心靈雅集編譯組　130元
⑪佛教小百科趣談　　　　心靈雅集編譯組　120元
⑫佛教小百科漫談　　　　心靈雅集編譯組　150元
⑬佛教知識小百科　　　　心靈雅集編譯組　150元
⑭佛學名言智慧　　　　　　　松濤弘道著　220元
⑮釋迦名言智慧　　　　　　　松濤弘道著　220元
⑯活人禪　　　　　　　　　　平田精耕著　120元
⑰坐禪入門　　　　　　　　　柯素娥編譯　120元
⑱現代禪悟　　　　　　　　　柯素娥編譯　130元
⑲道元禪師語錄　　　　　心靈雅集編譯組　130元
⑳佛學經典指南　　　　　心靈雅集編譯組　130元
㉑何謂「生」　阿含經　　心靈雅集編譯組　150元
㉒一切皆空　般若心經　　心靈雅集編譯組　150元
㉓超越迷惘　法句經　　　心靈雅集編譯組　130元
㉔開拓宇宙觀　華嚴經　　心靈雅集編譯組　130元
㉕真實之道　法華經　　　心靈雅集編譯組　130元
㉖自由自在　涅槃經　　　心靈雅集編譯組　130元
㉗沈默的教示　維摩經　　心靈雅集編譯組　150元
㉘開通心眼　佛語佛戒　　心靈雅集編譯組　130元
㉙揭秘寶庫　密教經典　　心靈雅集編譯組　130元
㉚坐禪與養生　　　　　　　　廖松濤譯　　110元
㉛釋尊十戒　　　　　　　　　柯素娥編譯　120元
㉜佛法與神通　　　　　　　　劉欣如編著　120元
㉝悟（正法眼藏的世界）　　　柯素娥編譯　120元
㉞只管打坐　　　　　　　　　劉欣如編譯　120元
㉟喬答摩・佛陀傳　　　　　　劉欣如編著　120元
㊱唐玄奘留學記　　　　　　　劉欣如編譯　120元

| | | |
|---|---|---|
| ㊲佛教的人生觀 | 劉欣如編譯 | 110元 |
| ㊳無門關（上卷） | 心靈雅集編譯組 | 150元 |
| ㊴無門關（下卷） | 心靈雅集編譯組 | 150元 |
| ㊵業的思想 | 劉欣如編著 | 130元 |
| ㊶佛法難學嗎 | 劉欣如著 | 140元 |
| ㊷佛法實用嗎 | 劉欣如著 | 140元 |
| ㊸佛法殊勝嗎 | 劉欣如著 | 140元 |
| ㊹因果報應法則 | 李常傳編 | 140元 |
| ㊺佛教醫學的奧秘 | 劉欣如編著 | 150元 |
| ㊻紅塵絕唱 | 海　若著 | 130元 |
| ㊼佛教生活風情 | 洪丕謨、姜玉珍著 | 220元 |
| ㊽行住坐臥有佛法 | 劉欣如著 | 160元 |
| ㊾起心動念是佛法 | 劉欣如著 | 160元 |
| ㊿四字禪語 | 曹洞宗青年會 | 200元 |
| 51妙法蓮華經 | 劉欣如編著 | 160元 |

### ・經　營　管　理・電腦編號01

| | | |
|---|---|---|
| ◎創新經營管理六十六大計（精） | 蔡弘文編 | 780元 |
| ①如何獲取生意情報 | 蘇燕謀譯 | 110元 |
| ②經濟常識問答 | 蘇燕謀譯 | 130元 |
| ③股票致富68秘訣 | 簡文祥譯 | 200元 |
| ④台灣商戰風雲錄 | 陳中雄著 | 120元 |
| ⑤推銷大王秘錄 | 原一平著 | 180元 |
| ⑥新創意・賺大錢 | 王家成譯 | 90元 |
| ⑦工廠管理新手法 | 琪　輝著 | 120元 |
| ⑧奇蹟推銷術 | 蘇燕謀譯 | 100元 |
| ⑨經營參謀 | 柯順隆譯 | 120元 |
| ⑩美國實業24小時 | 柯順隆譯 | 80元 |
| ⑪撼動人心的推銷法 | 原一平著 | 150元 |
| ⑫高竿經營法 | 蔡弘文編 | 120元 |
| ⑬如何掌握顧客 | 柯順隆譯 | 150元 |
| ⑭一等一賺錢策略 | 蔡弘文編 | 120元 |
| ⑯成功經營妙方 | 鐘文訓著 | 120元 |
| ⑰一流的管理 | 蔡弘文編 | 150元 |
| ⑱外國人看中韓經濟 | 劉華亭譯 | 150元 |
| ⑲企業不良幹部群相 | 琪輝編著 | 120元 |
| ⑳突破商場人際學 | 林振輝編著 | 90元 |
| ㉑無中生有術 | 琪輝編著 | 140元 |
| ㉒如何使女人打開錢包 | 林振輝編著 | 100元 |
| ㉓操縱上司術 | 邑井操著 | 90元 |

⑩黃金投資策略　　　　黃俊豪編著　180元
⑪厚黑管理學　　　　　廖松濤編譯　180元
⑫股市致勝格言　　　　呂梅莎編譯　180元
⑬透視西武集團　　　　林谷燁編譯　150元
⑯巡迴行銷術　　　　　陳蒼杰譯　　150元
⑰推銷的魔術　　　　　王嘉誠譯　　120元
⑱60秒指導部屬　　　　周蓮芬編譯　150元
⑲精銳女推銷員特訓　　李玉瓊編譯　130元
⑳企劃、提案、報告圖表的技巧　鄭汶譯　180元
㉑海外不動產投資　　　許達守編譯　150元
㉒八百伴的世界策略　　　李玉瓊譯　150元
㉓服務業品質管理　　　　吳宜芬譯　180元
㉔零庫存銷售　　　　　黃東謙編譯　150元
㉕三分鐘推銷管理　　　劉名揚編譯　150元
㉖推銷大王奮鬥史　　　　原一平著　150元
㉗豐田汽車的生產管理　林谷燁編譯　150元

### ・成功寶庫・ 電腦編號 02

①上班族交際術　　　　江森滋著　　100元
②拍馬屁訣竅　　　　　廖玉山編譯　110元
④聽話的藝術　　　　　歐陽輝編譯　110元
⑨求職轉業成功術　　　陳義編著　　110元
⑩上班族禮儀　　　　　廖玉山編著　120元
⑪接近心理學　　　　　李玉瓊編著　100元
⑫創造自信的新人生　　廖松濤編著　120元
⑭上班族如何出人頭地　廖松濤編著　100元
⑮神奇瞬間瞑想法　　　廖松濤編譯　100元
⑯人生成功之鑰　　　　楊意苓編著　150元
⑲給企業人的諍言　　　鐘文訓編著　120元
⑳企業家自律訓練法　　陳義編譯　　100元
㉑上班族妖怪學　　　　廖松濤編著　100元
㉒猶太人縱橫世界的奇蹟　孟佑政編著　110元
㉓訪問推銷術　　　　　黃靜香編著　130元
㉕你是上班族中強者　　嚴思圖編著　100元
㉖向失敗挑戰　　　　　黃靜香編著　100元
㉙機智應對術　　　　　李玉瓊編著　130元
㉚成功頓悟100則　　　　蕭京凌編譯　130元
㉛掌握好運100則　　　　蕭京凌編譯　110元
㉜知性幽默　　　　　　李玉瓊編譯　130元
㉝熟記對方絕招　　　　黃靜香編著　100元

| | | |
|---|---|---|
| ㊆性格性向創前程 | 楊鴻儒編譯 | 130元 |
| ㊇訪問行銷新竅門 | 廖玉山編譯 | 150元 |
| ㊄無所不達的推銷話術 | 李玉瓊編譯 | 150元 |

## ・處 世 智 慧・ 電腦編號 03

| | | |
|---|---|---|
| ①如何改變你自己 | 陸明編譯 | 120元 |
| ②人性心理陷阱 | 多湖輝著 | 90元 |
| ④幽默說話術 | 林振輝編譯 | 120元 |
| ⑤讀書36計 | 黃柏松編譯 | 120元 |
| ⑥靈感成功術 | 譚繼山編譯 | 80元 |
| ⑧扭轉一生的五分鐘 | 黃柏松編譯 | 100元 |
| ⑨知人、知面、知其心 | 林振輝譯 | 110元 |
| ⑩現代人的詭計 | 林振輝譯 | 100元 |
| ⑫如何利用你的時間 | 蘇遠謀譯 | 80元 |
| ⑬口才必勝術 | 黃柏松編譯 | 120元 |
| ⑭女性的智慧 | 譚繼山編譯 | 90元 |
| ⑮如何突破孤獨 | 張文志編譯 | 80元 |
| ⑯人生的體驗 | 陸明編譯 | 80元 |
| ⑰微笑社交術 | 張芳明譯 | 90元 |
| ⑱幽默吹牛術 | 金子登著 | 90元 |
| ⑲攻心說服術 | 多湖輝著 | 100元 |
| ⑳當機立斷 | 陸明編譯 | 70元 |
| ㉑勝利者的戰略 | 宋恩臨編譯 | 80元 |
| ㉒如何交朋友 | 安紀芳編著 | 70元 |
| ㉓鬥智奇謀（諸葛孔明兵法） | 陳炳崑著 | 70元 |
| ㉔慧心良言 | 亦　奇著 | 80元 |
| ㉕名家慧語 | 蔡逸鴻主編 | 90元 |
| ㉗稱霸者啟示金言 | 黃柏松編譯 | 90元 |
| ㉘如何發揮你的潛能 | 陸明編譯 | 90元 |
| ㉙女人身態語言學 | 李常傳譯 | 130元 |
| ㉚摸透女人心 | 張文志譯 | 90元 |
| ㉛現代戀愛秘訣 | 王家成譯 | 70元 |
| ㉜給女人的悄悄話 | 妮倩編譯 | 90元 |
| ㉞如何開拓快樂人生 | 陸明編譯 | 90元 |
| ㉟驚人時間活用法 | 鐘文訓譯 | 80元 |
| ㊱成功的捷徑 | 鐘文訓譯 | 70元 |
| ㊲幽默逗笑術 | 林振輝著 | 120元 |
| ㊳活用血型讀書法 | 陳炳崑譯 | 80元 |
| ㊴心　燈 | 葉于模著 | 100元 |
| ㊵當心受騙 | 林顯茂譯 | 90元 |

| | | |
|---|---|---|
| ⑧鍺奇蹟療效 | 林宏儒譯 | 120元 |
| ⑧三分鐘健身運動 | 廖玉山譯 | 120元 |
| ⑧尿療法的奇蹟 | 廖玉山譯 | 120元 |
| ⑧神奇的聚積療法 | 廖玉山譯 | 120元 |
| ⑧預防運動傷害伸展體操 | 楊鴻儒編譯 | 120元 |
| ⑧五日就能改變你 | 柯素娥譯 | 110元 |
| ⑧三分鐘氣功健康法 | 陳美華譯 | 120元 |
| ⑨痛風劇痛消除法 | 余昇凌譯 | 120元 |
| ⑨道家氣功術 | 早島正雄著 | 130元 |
| ⑨氣功減肥術 | 早島正雄著 | 120元 |
| ⑨超能力氣功法 | 柯素娥譯 | 130元 |
| ⑨氣的瞑想法 | 早島正雄著 | 120元 |

## ・家庭／生活・ 電腦編號 05

| | | |
|---|---|---|
| ①單身女郎生活經驗談 | 廖玉山編著 | 100元 |
| ②血型・人際關係 | 黃靜編著 | 120元 |
| ③血型・妻子 | 黃靜編著 | 110元 |
| ④血型・丈夫 | 廖玉山編譯 | 130元 |
| ⑤血型・升學考試 | 沈永嘉編譯 | 120元 |
| ⑥血型・臉型・愛情 | 鐘文訓編譯 | 120元 |
| ⑦現代社交須知 | 廖松濤編譯 | 100元 |
| ⑧簡易家庭按摩 | 鐘文訓編譯 | 150元 |
| ⑨圖解家庭看護 | 廖玉山編譯 | 120元 |
| ⑩生男育女隨心所欲 | 岡正基編著 | 160元 |
| ⑪家庭急救治療法 | 鐘文訓編著 | 100元 |
| ⑫新孕婦體操 | 林曉鐘譯 | 120元 |
| ⑬從食物改變個性 | 廖玉山編譯 | 100元 |
| ⑭藥草的自然療法 | 東城百合子著 | 200元 |
| ⑮糙米菜食與健康料理 | 東城百合子著 | 180元 |
| ⑯現代人的婚姻危機 | 黃 靜編著 | 90元 |
| ⑰親子遊戲 0歲 | 林慶旺編譯 | 100元 |
| ⑱親子遊戲 1～2歲 | 林慶旺編譯 | 110元 |
| ⑲親子遊戲 3歲 | 林慶旺編譯 | 100元 |
| ⑳女性醫學新知 | 林曉鐘編譯 | 130元 |
| ㉑媽媽與嬰兒 | 張汝明編譯 | 180元 |
| ㉒生活智慧百科 | 黃 靜編譯 | 100元 |
| ㉓手相・健康・你 | 林曉鐘編譯 | 120元 |
| ㉔菜食與健康 | 張汝明編譯 | 110元 |
| ㉕家庭素食料理 | 陳東達著 | 140元 |
| ㉖性能力活用秘法 | 米開・尼里著 | 150元 |

國立中央圖書館出版品預行編目資料

運動會項目精選／太田昌秀、青木眞著；王佑宗譯
－－初版－－臺北市；大展. 民84
　　　面；　　　　公分，－（運動遊戲；3）
譯自：運動會種目ベスト100
ISBN　　957-557-568-7（平裝）


1.運動會　2.運動


528.9　　　　　　　　　　　　　　　　84013254

UNDOUKAI SHUMOKU BEST 100
c MASAHIDE OHTA / MAKOTO AOKI 1992
Originally published in Japan in 1992 by
BASEBALL MAGAZINE SHA CO.,LTD..
Chinese translation rights arranged through
TOHAN CORPORATION,TOKYO
and KEIO Cultural Enterprise CO.,LTD

# 運動會項目精選

ISBN 957-557-568-7

原 著 者／太田昌秀　　　　承 印 者／國順圖書有限公司
　　　　　　青 木 眞
編 譯 者／王 佑 宗　　　　裝　　訂／嶸興裝訂有限公司
發 行 人／蔡 森 明　　　　排 版 者／千賓電腦打字有限公司
出 版 者／大展出版社有限公司　電　　話／（02）8836052
社　　址／台北市北投區（石牌）
　　　　　致遠一路二段12巷1號　初　　版／1995年（民84年）12月
電　　話／（02）8236031・8236033
傳　　眞／（02）8272069
郵政劃撥／0166955－1　　　　定　　價／150元
登 記 證／局版臺業字第2171號

大展好書 ✕ 好書大展